# 藝於言表

## 徜徉清大校園的藝術中心

藝術家

清大校園中新宮晉的公共藝術作品〈無聲的對話〉

# 目　錄

# IV 藝中人的回想 迴響。180

# 藝中的朋友

## 吐　絲

在此讓記憶長流中的寸寸韶光停格凝聚，重溫舊曲！

● 盧怡仲個展作品〈古跡〉

# 藝氣風發話清華

國立台灣藝術大學校長 **黃光男**

　　清大藝術中心主任劉瑞華教授邀請我為藝術中心即將出版的專輯撰寫序文，我身為中華民國大學院校藝文中心協會的理事長，自當義不容辭地為這樣具有校園藝文指標性意義的書籍寫幾句感言。清華大學學術表現優異甚受各界肯定無庸置疑，在新竹已經建校五十餘年，是一所歷史悠久與傳統優良的大學，也是國內優秀大學中唯一沒有設置任何藝術科系的學校，可見清大藝術中心在校園中扮演的角色舉足輕重，經常舉辦藝文表演及展覽，活絡校園文化氣息。

　　校園的展演機構具備著社會功能與文化意涵，清大藝術中心自1988年成立以來已倏忽超越二十載的光陰，是國內最早成立的大學藝術中心之一，不僅是校園藝術機構，也是服務新竹眾多社區的重要展演中心，看著清大寄來的每學期藝文活動印刷摺頁，不僅要讚嘆能做到如此多樣化發展的大學藝文機構著實不多，清大藝中實堪稱為箇中翹楚。這二十多年來，不論在視覺藝術或表演藝術的領域上，清大藝中一直努力不斷的詮釋當代藝術風貌，讓藝術家在新竹縣市地區能有個完整場地展覽或演出，提供校園師生及桃竹苗地區的民眾與當代各界藝術家面對面互動的機會。

　　清大藝術中心善於整合周遭的社區社群，深度開發目標觀眾群，以深層的藝文賞析活動穩固基本觀眾，吸引每學期的大學新鮮人與一般群眾，厚植地方深度人文藝術素養。此中心尤其善於強化藝術教學資源，視覺藝術與表演藝術評論、藝術展覽、藝術家簡介與國際藝文資訊等藝術資源，隨時建構更新各類型藝文教學資料，利大眾查詢。實際上，清大藝中已經建立美學教育真切實踐的優良藝術環境，推廣講座與節目，鼓勵學生積極參與藝術活動，使清華學生視野開闊、藝術美學落實在學生主動學習之中，校園的藝術人文氣氛自然凝聚，提高學習興趣及學生藝術創造力深度培養，並使大學教育精神得以綿延不絕。

　　我時常宣傳的理念「大學博物館化」、「大學美術館化」，是視覺藝術發展的理想

境界，目前台灣的大學院校為數相當可觀，設若每所大學都能設立具典藏特色的博物館或美術館，定能提升地方上的藝文風氣、審美觀念與社會價值。然而各大專院校在經費的主要因素之下，或許成立各校專屬的博物館與美術館是較遙遠的藝術夢想，大多數學校也像清大一般，先成立校內小而美的藝文機構，肩負起關鍵性的角色，每學期策劃展覽、音樂、電影、戲劇等類型藝術節目，一步一腳印，近年來大學院校藝文中心已經逐步發展成為台灣藝術教育生態重要的特色之一。

　　大學院校藝文中心不僅作為一個藝術實質的教育場域，也有能力帶動周邊社區文化產業的發展。清大藝術中心在二十多年來提供師生與新竹民眾優良藝術環境與氛圍，讓學生潛移默化地沈浸在各類藝術均豐富運作的環境，它造就傲視群倫的可觀成績並持續成長茁壯。隨時登上清大藝中網頁瀏覽，即可發現曾辦過專業展覽數目已經超越百檔，表演節目也是數百檔之譜，許多曾在清大藝中展出的藝術家或表演家多為當今藝術圈的佼佼者。清大藝中曾獲教育部在1999年評選為「藝術教育績優機構」就是最好的明證。眾所皆知，清大科技教育已是由良好的基礎中普及與深化，目前校內藝術在藝術中心的籌劃下也朝向多元化的方向進行，科技與藝術人文教育均是百年大計都能在此蓬勃發展，假以時日，清大定能登峰造極潛力發展為具國際水準泱泱氣勢的一流大學。

# 讓心靈甦醒

清大藝術中心主任 **劉瑞華**

　　三年半之前，我接到徵詢要我來擔任主任的時候，剛好因為用沙紙打磨自製的煙斗而把手指給磨破了，心想：「藝術中心？會不會有木工車床？」於是就答應兼了這個差事。結果，在這裡我見識了許多從沒想過會發生在清大的事情，也發現這個我已經任教十幾年的大學裡竟然有我從來不知道的一面。我彷彿剛進入這所大學的新鮮人，重新認識這個校園，也重新找回了那年少時期曾經有的好奇。

　　我很尷尬的承認，當上藝術中心主任之前，我幾乎不知道這裡在做些什麼，也不知道藝術中心在清大已經存在了二十年。我想，校園裡可能有許多人和我一樣，不知道清大藝中這二十年來為這個校園增添的美好故事。我認為應該讓更多人知道這些故事，也讓曾經認識清大藝中的人重溫記憶。雖然在這裡我沒找到木工車床，我自製煙斗的手工活也停了下來，可是我在這裡認識了許多可愛的朋友，發現了許多美麗的故事，在我已經視茫髮蒼之際，卻讓心靈甦醒了。

　　這所大學一向以水清木華的校園為榮，美好的自然環境是孕育人才的重要條件，而藝術中心在校園裡提供的是一種生活方式，不論是展覽廳裡的瀏覽與聆聽、欣賞一場音樂會，還是跟著工作坊的老師舞動肢體、看場夜貓子的電影，或者只是走過一件公共藝術作品、瞥見一張海報，藝術中心希望能給在這個校園裡生活的人，多一些美好的經驗與回憶。我甚至相信藝術中心的存在就如水清木華的環境一般，在無形中影響這個校園裡的人。這本書是把這份影響用一些文字給個交代，讓校園外的人也能知道。

　　清華大學至今仍然經常被人提到是以理工為主的大學，還沒有任何藝術領域的系所，為什麼會在二十幾年前成立藝術中心，可能許多人和我一樣好奇，不過即使我很想告訴大家，還是沒找到一個清楚的答案。在首屆主任宋文里老師的回憶裡，藝術中心是從一個簡單的臨時展覽空間開始的，經過了許多熱情的人默默努力，才一點一點累積起來。當初打開了那扇窗，讓人看見了遠方的景物，開啟的是無限延伸的空間與想像。我

們無法，也不想用單一的觀點敘述清大藝中的故事，於是我們邀請了許多人一起來幫我們完成這本書。

藝術中心最珍貴之處是擁有許多朋友，來過校園的藝術家、音樂家、義工、工讀同學、前任的主任，以及過去與現在的工作同仁都為這個園地做了許多。我們儘量邀請他們來，共同講述藝術中心一路走來的歷程，以及發現未來前進的方向。我們要特別感謝黃光男校長為封面題字，郭珊珊、李青霖都是藝術中心長期的朋友，他們的文章讓這本書增色不少。歷屆主任都以各自的方式協助本書的編輯與出版，特別要感謝宋文里、彭明輝撰文，徐小虎接受訪問。早期的義工沈慰芸已經旅居國外多年仍然對藝術中心深刻關心，代表了許許多多義工的心聲。還有多位藝術家們特別賜文，讓我們銘記在心。曾經在這裡工作的同仁、義工、學生，希望你們都繼續將這裡當成自己的家園，讓書裡的文章帶回點滴回憶。

從構想到完成，編輯這本書所經歷的時間超過原先的預計，而且其間發生了許多沒有想到的事情，正在藝術中心工作的怡君、小秋、甫珊、舒亞、小恕在工作之外，為這本書要額外付出，尤其是小秋在編輯後期幾乎不眠不休，我要特別向他們致謝。還有貓哥，在這段日子裡經歷了刻骨銘心的生命體驗，一直陪伴著藝術中心。在本書完成之前，藝術中心失去了洪麗珠老師，這份傷痛更是難以言喻。這本書只能用平面的方式以及有限的篇幅表達，而且勢必掛一漏萬，我必須向未被邀請或提及的朋友們致歉，但願讀者們能從字裡行間瞭解我們溢於言表的心意。

一開始我們就問過自己，這會是一本怎樣的書。我曾經很輕鬆的想，也許是一本教育改革的書。不過，我們該給大學生什麼樣的教育，那並不是這本書能夠回答的，我們只想從清大藝中的所見與所為，告訴大家這所大學在一般人的印象之外，還做了不少鮮為人知的努力。當然，對這本書的內容最感興趣的人會是曾經參與過我們活動的藝術家、義工、同學、老師與工作人員，而探索大學校園該有的生活方式卻是更多人關切的事，我們認為，關心藝術、關心大學裡美學教育的人，乃至於關心大學教育發展的人，都會對這本書的內容感興趣。

大學應該追求卓越，我們換個角度，藝術中心不是高等教育評鑑的項目，表現如何也沒有具體的指標，可是我們一直努力在做，也會持續努力做下去。究竟為了什麼？就為了那許許多多有夢想的人，不管是現在有、曾經有，還是將來有。

# 自由發揮與藝術歷史

宋文里

在清大藝術中心網頁的「簡史」上有一段話：

為了給整個校園提供一種人文素養，尤其是與藝術相關的學術風氣，校方乃決定在通識教育中心之下籌設一套藝術教育課程。1987年秋季，通識教育中心開設了五門藝術類課程，推動本校「美育實驗課程計畫」。1988年，為提昇藝術教育的成效並刺激更廣泛、更直接的藝術參與及經驗，我們開始著手籌劃藝術展覽活動中心，原名之為「清華藝廊」；但顧及其在美育目標中所擔任的教育設計功能及更長遠發展上的意義，隨後乃定名為「藝術中心」。

我就是開始「推動本校『美育實驗課程計畫』」的那個人，當時擔任通識教育中心主任，並且也自然兼任了第一任的藝術中心主任。

在開始籌劃之時，劉兆玄校長對此計畫非常支持，因為他自己年輕時也曾畫過一些畫，很能認同藝術中心的構想。所以，在他的領導下，藝術中心最初的場地（第三綜合大樓八樓）立刻清空，設計成一個功能良好的藝術展覽場所。我們只花了短短一個月就完成裝潢工程，且立刻邀劉校長來看看這個場地。他看了直呼道：「真是不可思議！」

是的，我們劍及履及。接下來一系列的展覽策劃由當時非常能幹的兩位助理（劉惠媛、魏斐瑛）和我，以及一位熱心協助的李宗懂老師合作推出。於是，在台灣的第一所大學藝術中心就這樣誕生了。

我常利用校內的傳播媒體（《清華雙週刊》及藝術中心自行發行的宣傳小冊）寫些文章，鼓勵同學前來參與藝術中心的活動。這裡留下一份文件，多少可以看出我們如何用心要為清華大學助長出真正的人文氣息。

## 人文素養與真實生活樣態

清華、交通兩校都沒有美術（類）科系。學生的藝術作品除了稱為「業餘創作」之外，更重要的特徵是：他們不為科班傳統所限。本來，藝術的科班傳統是要教人步步長進、寸寸精化的過程，但不知何故，它也很容易變成固守材料媒體、講究僵硬技法、盲信師承關係的溫床，換言之，它在某種意義而言，會使人不得長進。所以，無師自通的學習，或只接受間接、少量的指導，或可讓藝術中潛藏的種種可能性更得以伺機發揮。

但是，話說回來，在清、交兩校學生的作品中，真的能完全體現「藝術中潛藏的種種可能性」嗎？這又是另一個難題——自由發揮，有時候總會碰上難以突破的障礙。譬如，要將心象轉化為視象，其間就有形象轉化的障礙；又譬如，既已轉化為視象，它和既有的

符號象徵之間會有什麼關係，其間也隱含有形意與理解之間的障礙——這兩個難題就是在解釋藝術哲學家里德（Sir Herbert Read）在《藝術的意義》一書中所說的：藝術的精義即在於表現情感和傳達理解。在藝術歷史中，我們看到真正的藝術家在表現和傳達的兩大難題間作無休無止的奮鬥，而後產生各種各樣不同的強調、主張：對三度空間與二度空間的不對稱性，對光線的處理，量塊的呈現，色彩的情感表徵，材質肌理的自然性質，造形、結構的語法規則，甚至藝術作者在創作過程中的意識轉換等等，幾乎沒有一個問題未曾在古往今來的藝術史上發生。

大學生，無論生活在如何封閉的環境中，也不至於完全不接受歷史的資訊。我們不能把學生的藝術創作稱為素人藝術（naive art），其理在此。非藝術科班的大學生，無論如何也逃不開文明資訊的洗禮。所以，在自由發揮中，我們會一直看見藝術史的影子以各種直接、間接的方式，在作品中透現。

觀摩展，在大家互相欣賞的同時，似乎難免要一起攜手走入更促人長進，更催人精化的境界裡去。那境界，我稱之為藝術歷史。科班教育是一種歷史再現的方式，不過它包含了許多扭曲歷史的教條成規；自由發揮則是另一種進入歷史的門徑，但，從不自覺到自覺，其間可能還橫梗著一段艱辛的路。

回過頭來說：為什麼要強調藝術歷史？

很有趣，我和每個人談起藝術，總會聽到「我可以這樣看，你可以那樣看」、「各人有各人的主張」之類的「閱聽人理論」。為了避免從相對論走進虛無主義那條死路，我只好一再說：藝術的種種再現法，到頭來，就會形成一套造形工具——既稱之為語言，它就是一種普遍的溝通符號和普遍的理解工具。它在歷史的進程中累積語彙，一直積到適足以表達人的心意才完成它作為語言的基礎。藝術歷史就是藝術語言的生成史。大學生絕非文明的文盲，所以也不可能是藝術歷史的文盲，他一旦著手進入藝術創作，他就同時進入藝術語言的歷史，哪怕是從牙牙學語開始。每一件作品，都是造形語言的一種具現。在這裡，你可以聽見同一套語言的各種學語方式，像個語言教室，發出此起彼落的牙牙之音。

藝術創作，它同時具有工作和玩耍性質，即便它不是有意地向藝術歷史挑戰，不是要完成任何一個新的語彙，它本身卻已是一個鮮活的歷史過程。人並不是在任何時刻都可以從事藝術創作的。相反的，在大多時候，人只能以呆板的時間表從事例行工作——那就叫日常生活。一旦人能跳出例行性，而對自己發出創作要求時，他就是在沉悶而僵滯的日常慣性之路上豎起個人歷史新里程碑。藝術歷史是把我們串在一起的那根基線。

自由發揮是每個人都可憑以進入藝術歷史的通行證。

我們在這裡體會藝術作為心靈發展史和人際溝通史的交會點，而不是在這裡作一技一藝精粗的比劃；我們在這裡用造形的語言，以很簡單的語彙，靜靜地互相交談；也默默地進入歷史。（藝術中心主任1988-1990，1991.5.22、2009.7.14修訂）

# 從展覽廳走向觀眾

彭明輝

　　1994年接任藝術中心主任時，面對著三大問題：(1)在一個以理工為主且十分以此自豪的大學裡，如何讓學校的師生認為這個學校需要一個藝術中心？(2)面對較成熟的藝術家，清大藝術中心如何讓他們願意來展覽？(3)在極端拮据的資源下，面對北美館和有規模的私人藝廊，清大藝術中心能扮演什麼樣的角色？

　　第一個問題的關鍵在於：如何讓全校師生願意去認識藝術跟他們的關係？而癥結是：傳統展覽廳的氛圍嚴肅，跟觀眾的日常生活情境落差太大，使許多觀眾只敢在展覽廳外探頭，卻不敢跨過大門。

　　為了降低觀眾接觸藝術展覽的門檻，我們做了兩件事：（1）為每一場展覽準備了多層次的導覽工具，先以一篇畫論引導觀眾去欣賞展覽，再輔以藝術家訪談錄影帶，引導觀眾去認識作品背後真實的生命，繼之又以電腦導覽補充觀眾可能會欠缺的藝術史資料，以及現場導覽志工的說明與互動。我們的理念是：藝術家不需要遷就觀眾，我們來負責當橋樑，縫合落差。（2）為了進一步降低門檻，我們舉辦文化公園，把展覽和表演活動移到氣氛較輕鬆的戶外（湖邊），帶著藝術家闖進觀眾的日常生活，使藝術與生活之間幾乎沒有任何的落差。我們當時的理念（口號）是：「如果觀眾不來，我們就出去找他們」。

　　據說，文化公園改變了許多學生跟家長的互動模式：他們會請家人在文化公園舉辦期間到學校來玩，而不要在其他時候來找他們。此外，隔鄰的交大則是因為被文化公園吸引，而要求校方更積極地舉辦各種藝文活動。

　　第一次在廣場上舉辦粉筆彩繪時，校內更是人心震動，場面也很壯觀，許多作品的品質則絕不輸國外的街頭表演。我到今天都忘不了自己從陽台看下去的壯觀場景與感動。

　　這些活動成功地改變了校內師生對藝術中心的印象，從不瞭解、排斥，到轉為支持。這個轉變的過程，藝術中心的導覽志工功不可沒。

　　純屬偶然地，藝術中心的第一批導覽志工主要是由園區高階經理人的眷屬和清大教

師的眷屬組成。他們在每一期展覽前接受導覽培訓，並在展覽期間與文化公園的活動期間服務。當藝術中心決定展出張振宇的全裸人體畫時，我們花了相當多的時間，用幻燈片引導志工去瞭解相關的美術觀念與創作，並且引導他們去思考與討論藝術和色情的分際。畫展開幕當天，畫家本人很訝異於志工對相關美術史與創作理念的瞭解深度。更值得紀念的是，據說當天晚上很多清大教師回家抱怨藝術中心辦色情的畫展，結果卻被太太訓了一頓。

多虧這些志工，藝術中心渡過它最艱難的一次考驗。

回到第二個難題：如何吸引較成熟的藝術家。我們發現：國內的藝術評論環境相當不成熟，因此許多成熟的藝術家願意到清大藝術中心來的首要原因，是我們會為他們的畫展進行相當深入的畫評、訪談和導覽。我們每學期只辦四檔展覽，其中第一檔和最後一檔有完整展覽，第二檔和第三檔的展覽較簡化，以便集中寒暑假的精力籌辦第一檔展覽，然後再以整個學期主要的精力去籌辦第四檔展覽。

我們有一個完整的籌辦流程：（1）由一位助理同仁提出展覽構想，包括展覽者及其作品、藝術家與展出品的特色、展覽的目的（想要帶給清大師生什麼樣的觀賞經驗和體會）、達到前述目的所需要的導覽工作等，經反覆討論、修正後定案。（2）我們的展覽理念是：不只展覽作品，也要展現藝術家的理念和生命。因此，我們請藝術家提供不同時期具代表性的作品（幻燈片），並且就作品特質反覆進行內部的討論與分析。再就討論過程擬出一系列與作品和創作理念可能有關係的問題，作為藝術家訪談的話題。（3）訪問藝術家，請他就我們所提的問題發表談話，以及他所想要呈現的其他理念或議題。（4）根據以上資訊，剪接訪談錄影帶，並撰寫畫評與電腦導覽，以及進行導覽志工培訓。

這一系列跟藝術家的深入互動，以及導覽志工對藝術家的熱情，讓藝術中心在美術圈內的聲名急劇上升，明顯地超過資源更優渥的各縣市文化中心，直追北美館與高美館之外的其他展覽空間。

在這樣深入的籌備過程中，助理的熱情也被引燃。很多藝術家都對清大藝術中心的助理印象深刻，甚至訝異；那樣的熱情與投入，在國內各種展覽場所幾乎都是看不到的。

來到第三個難題：在極端拮据的資源下，清大藝術中心能扮演什麼樣的角色？我們意外地扮演了開創新局的角色。有一段時間，各個國立大學都努力地想要開辦藝術中心，而他們徵人時說的就是：「我們想要辦一個像清大藝術中心那樣的藝術中心。」

台北市立美術館曾經派好幾位一級主管到清大來參觀，我們曾經有機會把理念推廣出去。不過，我們畢竟只是一小群只有熱情而沒有野心和現實感的人。

在清大藝術中心的那三年，是我人生中最快樂的三年！因為我們有一群一起燃燒熱情的伙伴。（**藝術中心主任**1994-1997）

# 窺探靈魂的窗口

台積電文教基金會秘書長 **郭珊珊**

　　一所大學之於一個社會，不僅只是一個教育機構。古今中外，大學都是讓文化不斷綿延創新的靈魂，而最能讓人窺探這靈魂的窗口，正是一所大學的藝術活動。清華大學的藝術中心，正恰恰體現出清大一直以來，含蓄而經典，凝練而自在的特質。

　　與清大藝中結識，主要因為舊友洪麗珠老師。洪老師專注投入藝術研究和教育工作的熱情，一直是最令我敬佩感動的前輩。多年來，她帶領著一批才華洋溢的工作夥伴全心投入，讓藝中展現豐碩的成果。之後，又分別認識黃朝熙、劉瑞華前後兩位主任，更為兩位教授分別對音樂及電影的深厚的涵養所懾服。

　　在清大，藝術中心總是以最從容的姿態吸引眾人的目光，讓熙來攘往的人群沉澱，更讓所有曾駐足的思維者、學習者，都因身在其中而感受藝術對生命的衝擊。對清華大學的師生來說，藝中過去二十多年，成功地為清華大學提供心靈的養分。而藝術中心的能量不只充實了清大的師生，同時也以無比豐富的樣貌，提供了社區參與的絕佳環境。

　　同樣致力於藝術教育推廣工作，台積電文教基金會所提供的，則是一份對藝術人文的長期承諾，並投入實質及人力資源灌溉。不僅希望為校園注入人文風氣，更積極整合社區力量。「播灑美育種子，彩繪美好社會」向來是台積電文教基金會努力的目標。自2004年以來，文教基金會每年籌辦的「台積心築藝術季」，都有幸與清大藝術中心合作，在清大校園規劃多項人文藝術活動。

魏海敏老師應邀「京京有魏」講座變裝示範（左頁左圖）
泉州木偶劇團演出場景（左頁右圖）
黃春明的「黃大魚兒童劇團」於清大演出實況（右圖）

　　在沉穩而內斂的藝中展場，台積電與清大藝中曾共同邀請白先勇、蔣勳、王德威、王小棣等老師分享創作的故事。讓聽眾在藝中迷人的氛圍之中，一面聽講，一面呼吸著環繞四周的藝術創作，沉浸在文學、戲劇和藝術之中。在成功湖畔，清大師生和民眾曾在細雨中重溫民歌的美好年代，也欣賞到在地客家歌手陳永淘與社區民眾的音樂創作；在合勤廳，透過文學和戲劇講座，聽眾們曾享受鄭愁予、陳黎、楊照、張曉風、黃春明、舒國治、席慕蓉，黃春明、魏海敏等老師的字字珠璣；在活動中心，台積電更與清大藝中合辦多場音樂、戲曲和親子活動。多年來，藝術中心儼然成為大學、企業與社區的文化交會點。藝中讓民眾在清大進行最自在美好的心靈交流。同時，更讓台積電文教基金會得以具體落實「美育推廣、美善社會」的初衷。

　　和清大藝中合作多年，期間最大的印象和感受，就是整個團隊對「藝術先行」的堅持與貫徹。正是這份對藝術的真誠執著，長期給予藝術工作者最大的保護和支持。二十多年來，受邀參與清大藝中的藝術家們，提供許多智慧的積累、思想的激盪，讓藝中展現出一種少有的敏銳與重量，更使藝中在品格教養的培育，以及生命美感的提昇上扮演不可或缺的角色。同為藝術教育積極的推廣者，台積電文教基金會深感志同道合，並將耕耘灌溉持續不輟，更盼能與清大藝中相互砥礪、長相扶持。

後記：專刊出版前傳來噩耗，再回到清大，總覺得洪老師的形貌笑語仍清晰在目。原來，洪老師從未走遠，在藝中展場、合勤廳，甚至校園的各個角落，每一場展出、每一幕戲，都有著她過往的耕耘和殷切的期待。

# 袖・雲山水

聯合報資深記者・風城雅集畫會會長 **李青霖**

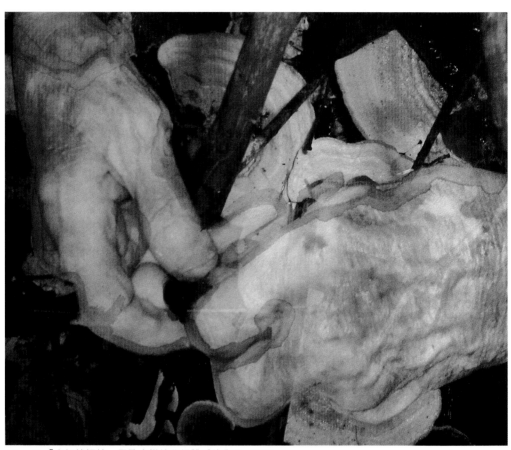

Miquette「與記憶調情」展覽中描繪父親雙手的作品 2007

　　2007年4月，瑞士藝術家Miquette帶著一卡皮箱，裡頭裝著自己的創作品，到台灣的清華大學藝術中心，辦了場「與記憶調情──Flirt with Memories」個展，生命中的吉光片羽，在自由揮灑的色彩與線筆中，躍然紙上。她使用壓克力、水彩、噴漆與影像等媒材，或染、或刷、或噴、或掃，敘述一則則生命寓言。我最感動於她描繪父親雙手的故事：2005年底，她們家人在院子裡準備聖誕節大餐，那時，她的父親已經行動不便，坐在輪椅上，家人把剝核桃的工作交給他；Miquette用相機拍下他的雙手，然後電腦處

18

理，把一雙手，變成一張張動人的風景。有一幅作品裡的雙手，一隻手是原相，另一手上卻爬滿青苔；她說，父親雖然老耄，卻從不會感到生命即將結束的痛苦，悄悄然地，像青苔爬上身子，自在地回歸自然。她父親兩個月後往生。對Miquette而言，她對家人的視覺記憶，已轉化為另一個全新的圖像，不再孤單地封存於她個人心智的記憶庫，也豐富觀賞者在欣賞時的時空記憶。……即便跨入2010年，那雙手，在我腦中，依舊記憶如新。

清華大學藝術中心的展覽內涵，總能深印觀者心中；做為媒體人，還有更多機會，與創作者深入對談，契入藝術家的創作本質。2008年的李小鏡與葉錦添，一樣有動人的故事。先說6月上檔的李小鏡，生於重慶，長於台灣，文大美術系畢業後赴美，1972年取得費城藝術學院碩士，定居紐約市。他初中出版過二本連環畫，大學畢業任電影美術指導、報導攝影、時尚攝影師，他說道，旅美期間，打工多年。「身體雖苦，但從未放棄理想」。1992年李小鏡添購電腦與軟體進入數位藝術創作，1993〈十二生肖Manimals〉在O.K. Harris藝廊初試啼聲，媒體爭相報導。之後的〈審判〉、〈緣〉、〈一零八眾生相〉，以及探索人類進化的「源（Origin）」系列，都以人與獸結合的肖像，「作品中生物的性靈之美直搗人心，讓我們在宇宙中，重新審視人類的演化與自身定位，並觸及物種間的關連性與平等性」。新竹觀眾何其幸運，可以看到從澳大利亞伯斯電子藝術雙年展直接運來的「源」和從美國紐約直達清華的十二生肖作品。

10月上檔的葉錦添個展，一樣精彩；多數人認識葉錦添，是他的劇場舞台與服裝設計、電影美術設計，其實，平面影像與立體雕塑，在他不同於常人的眼底，一樣衝撞出動人心弦的火花。藝中洪麗珠說，很早就想請葉錦添展覽，苦無機會，自從他2001年參與李安「臥虎藏龍」影片，拿下奧斯卡「最佳美術設計獎」，更覺不可能，一直到他出現清華園，仍覺得「有些恍神，猶如夢中」。「我看東西是多元的」葉錦添說，不管什麼物件，都可以同時出現在一個畫面。以攝影來說，每張照片都可以替換，「換個千分之一秒就不一樣」，太陽不同結果也不同，但是，他很少為了拍照而拍照，「唯一靠的是內心的衝擊」，「這一瞬間是屬於我的，馬上拍下來」、「非常自然」。他一開始創作就嘗試放空自己，特別是

葉錦添個展開幕葉錦添本人　2008

攝影，追求一種「等待」創作的狀態，調好光圈快門，在內心感動時按下快門，就像空瓶子，放進水，會產生清澈，當它什麼都沒有時，「它擁有所有味道的想像」。葉錦添做什麼事都專注，研究過希臘、羅馬雕像、羅丹雕塑，也研究中國、日本與西藏佛像雕刻，最喜歡魏晉南北朝的容顏，佛像的臉是清淨的，佛相無相，「怎麼看都是永恆」。在創作領域，「我已失去了不同媒材的分別，只有一顆心、一個容器」、「但大多時候，它是空的」。與藝術家對談的話語，每每充滿智慧與禪機，我喜歡紀錄下來與讀者們分享，也常能得到讀者的共鳴。

●

清華大學藝術中心是國內大學院校裡，第一個成立的藝術機構，有別於地方文化中心與社教館（今已更名生活美學館）定調，有著校園特有的自由性、實驗性與學術研究性，於理工生居多的校園，更是絕佳的藝術教育與藝術啟蒙的場域。說來驚奇，清藝策展人賴小秋邀約為專刊寫幾個字，猛回首，發現我與清藝結緣，竟從第一位主任宋文里就開始了。我與台灣師範大學美術系教授顧炳星熟識；1989年12月，他應邀到清大藝術中心辦個展；這時期，他正嘗試將立體畫派技法，應用到中國水墨畫，且畫的是現代建築，一部分作品，他畫在白色布匹上，可以張掛起來（應該算是較早期的裝置概念），觀眾在布匹間穿梭，就像行走於都市叢林。他希望開幕能結合現代舞蹈，正巧內人林桂燕女士剛從台灣藝術大學舞蹈系畢業，也從事舞蹈教育。顧老師找上我，義不容辭應允，與內人討論後，決定以水袖意象貫穿，用現代舞形式，編作出「袖‧雪山水」的舞作，表達人在都市山水裡的境遇與自處之道。12月9日開幕演出，校長劉兆玄與藝術中心主任宋文里都到場，這也是當時較早將繪畫與舞蹈結合的一種展演形式。與第二位主任徐小虎接觸也深，她思想開放、觀念新；曾顛覆傳統觀念，徵求為尋常百姓設計的服裝作品，質疑時尚流行文化所謂的「美」過於偏狹；她也辦了幾場擲地有聲的展覽，像蕭麗紅裝置展、董陽孜書藝展、于彭筆下的哀悅等。

這幾天透過聯合知識庫找尋藝術中心的資料，意外發現，我還曾協助翻譯徐小虎寫的一篇文章〈發現尹欣〉（我建議的題目），1994年1月3日，在聯合副刊刊載。徐小虎當年開國內大學風氣之先，以國內尚無的「駐校藝術家」名義，邀請尹欣擔任清大第一位駐校藝術家。尹欣是新疆省喀什喀爾人，1992年應邀在清大藝術中心辦木刻展後，開始了他的國際藝事生涯；我印象中，他的工作室在早期動機系的樓上，黃昏時曾到他工室閒扯淡，氣氛相當好，尹欣後來到美國去了。接續的彭明輝主任，雖是理工背景，但對中國水墨畫多所研究，有獨到見地，拿過國內的水墨評論獎。

1994至1995年間，新竹出現本土性的文藝復興運動，我和彭主任都參與其中，後來成立「新竹文化協會」，督促地方政府正視文化議題，新竹東門城護城河可以成為今日樣貌，新竹文協功不可沒。那次的文藝復興，參與的藝文團體與學者包括：清大彭明

輝、吳泉源、李丁讚及交大劉育東等教授,藝文團體有「風城雅集」畫會、「竹塹舞
人」現代舞團、「玉米田」劇場,當時新竹市文化中心主任洪惠冠全力支持。彭明輝
一樣發揮創意,在室內靜態展覽之外,1995年6月25日開始,每月最後一個星期天的午
後,在清大成功湖畔規劃了「竹塹文化公園」,有音樂、有咖啡,還有藝術家展出作
品,與遊客現場對話。

　　我是「風城雅集」畫會會長,成員包括交大張恬君教授、新竹教育大學教授呂燕
卿、中華大學教授朱麗麗及專業畫家范素鑾等人,彭明輝請我邀會員參加第一場戶外
展覽,我們開會討論後,多數認為戶外並不適合展畫(有灰塵、陽光、風雨等不定因
素),只能婉拒,致歉之餘,我告訴彭主任:「雖沒能親自參與,但有『很大力』報
導。」不過,後來還是常被彭明輝碎碎念,覺得很不好意思。當年,文化公園確實帶動
一波藝文風尚,也讓校園與社區的聯繫更加緊密,備受好評。

　　清大藝術中心經營風格與每位主任的偏好有關,接棒的李家維、楊敏京、黃朝熙,
喜歡音樂,辦了不少音樂活動;李家維則策畫了與生命科學相關的展覽,讓大新竹地區
民眾,在繪畫藝術之外,有更開闊的藝術品味。現任劉瑞華主任熱愛電影,推出夜貓子
電影院及主題影展,讓電影迷們大飽眼福,已播映的包括:安哲羅普洛斯、阿莫多瓦、
伍迪‧艾倫、侯孝賢、楊德昌、胡金銓、蔡明亮、黑澤明……,以及經典科幻電影等,
多元盛美,也體現「人」這種動物的複雜層面。清華大學藝術中心在藝文界的評價相當
高,受邀展出的藝術家皆為一時之選,像張振宇、蔣勳、薛保瑕、楊世芝、郭娟秋、蘇
旺伸、何多苓、高燦興、葉竹盛、林銓居、池農深、許雨仁等等,皆是活躍於當代藝壇
的佼佼者。

　　未來二十年,期待有更豐采、趣味又經典的藝術展演內涵;一方面提供藝術家更開
闊的創作舞台,也潤養普羅大眾的心靈。

# 篳路藍縷憶當年

李宗懂

## 必也正名

不久以前清大藝術中心負責策展的賴小秋老師要我為藝中的成立寫篇文章，因為我是第一個向劉兆玄校長提出在清大成立藝術中心建議的人。劉校長的反應非常快而明確，他認為這是一個很好的建議，可以馬上進行。清大在一般人的印象裡是以理工科見長，但在1984年人文社會學院就已成立了，雖然清大沒有藝術學院，但藝術中心的成立，對學生的藝術教育絕對是有幫助的。

打開清大藝中的網頁，在中心簡介裡提到：「1987年，清大通識中心開始有美術實驗課程計畫，第二年，為提升藝術教育成效，並刺激更廣泛更直接的藝術參與及經驗，我們開始著手籌畫藝術展覽活動中心，原名之為清華藝廊，但顧及其在美育目標中所擔任的教育設計功能，及更長遠發展上的意義，隨後乃定名為藝術中心。」

據我記憶所及，清大從沒成立「清華藝廊」。幸好我找到一張老照片（見24頁上圖），可以還原歷史真相，證明清大從首展開始，就是命名為「藝術中心」的。其實這也是我的建議，雖然心中有過自稱「中心」有點不好意思的感覺，但這樣的名稱也有號召與凝聚力量的作用。

## 成立的意義

當年在新竹只有社教館常有藝展，那時熱誠謙和的謝組長現已往生了。而新竹文化中心成立不久，記得有一位主任還把場地出借，類似擺攤。我邀宋文里主任去拜會任富勇市長，提出了些批評與建言，任市長本在清大任教，對我們很客氣。回想起來，覺得當時自己實在有點魯莽。

那時還有個在東門城附近的公立圖書館，當年因為鄭在傳議長喜歡古文物，曾在那裡辦過些小型傳統書畫展。新竹教育大學的前身新竹師院雖然早有美勞系，但於1998年始成立辦藝術展覽的展示空間，交通大學的藝中則是在2000年才成立的。

回顧台灣的當代美展，早在1927年日治時期辦了「台展」，1934年民間的「台陽美術協會」又辦了「台陽展」，這兩大展一直主領畫壇。到1946年國民政府開始辦的「台灣全省美展」和「台陽展」，仍是藝術家展出的主要機會和獲獎機會。到了1970年代，隨著經濟的發展台灣的畫廊開始蓬勃。雖然對專業藝術家的生活有所改善，但過分商業化的結果，不但可能影響了藝術家，也可能會影響藝評家的評論。1992年，台灣的許多畫廊更聯合起來成立了「台北藝術博覽會」。到1995年改為「國際藝術博覽會」，近年國

外的畫廊已佔了半數。除了一年一度的展覽，平時又辦講座，提供資訊，鼓勵收藏投資。

　　台灣蓬勃盛大的藝術展覽是近二十年才有的。國立故宮博物院和歷史博物館在早期是以換展本館的收藏為主，而台中的國美館成立於1988年，九二一震災後又閉館整修五年；台北市立美術館則於1980年即已成立，除了台灣近現代的藝術作品，也向國外借展。後來中時、聯合兩大報系，和橘園等民間策展公司，更多次舉辦大型國內外藝展。至於成立於2001年的台北當代藝術館，則是個有八十歲最老的身體（館舍建於1921年，是活化古蹟再利用），卻像是有最年輕的心的藝術館。建立於1908年的台灣省博物館，是以台灣的動植物和文化人類學為主要目標，故不在討論之列，現已改稱國立台灣博物館。

　　放在歷史的長河中，清大為藝術展示的場域成立這樣一個非營利性的清流，是很有意義的。後來各大專院校紛紛成立藝術中心，各擅勝場，而又比較不會受金錢或單一少數權力的把持。對學生的美術教育，對藝術家和社會的互動，都是有貢獻的。

## 草創時期的膠彩畫展

　　劉校長決定辦藝術中心後，就請當時的人社院長李亦園院士和通識中心主任宋文里教授來一起策劃成立藝中，而我則是藝中的第一個義工。第一次開會李院長就要求我在兩週內辦一個展覽，雖然我在美國華盛頓大學有美術史研究所的學位，而且在克利夫蘭美術館工作過，可能李院長對第一個義工還是要做點測試吧。現在看來，馬上就要辦也有好處，因為我們是全國大專院校第一個開始辦藝術中心，而且馬上辦展覽的大學。

　　我想到在清華成立藝中，除了可以加強本校學生的藝術教育，也可以為藝術家和社會提供更多更豐富的互動和藝文生活。所以第一個展覽我邀請的是新竹市的膠彩畫家們，如謝榮磻先生，范天送先生和他的女兒范素鑾小姐等，以及原籍香山的前輩女畫家陳進女士，林之助先生和林玉山先生兩位老前輩也都來參加，他們的熱誠參與，是我一直感念於心的。

　　在極為倉促的時間內，我向圖書館借用地下室一大間，牆面不夠掛畫，正巧學校有些同樣尺寸的大木板，就請校內木工圍成一圈，固定起來，也可以掛畫。人力方面，除了我以外，還有一位大四的女同學，後來宋主任又請了位助理魏斐瑛小姐和通識中心的助理劉惠媛小姐。魏小姐的辛苦和劉小姐的聰明，是我一直記得的。

　　展覽開幕那天，畫家和朋友們來了許多，宋主任好像是有事沒來。場所雖然簡陋，但從大家的熱忱參與，可以看出清華大學能提供這樣一個場域，不但是為了學生，也是為了藝術界，是校內和社會都需要的。

　　這是我們一段令人鼓舞的歷史，因為清大藝中能順利成立，又經過許多工作人員、投入工讀的學生及義工們的努力，為學校、為社區、為曾經參與的藝術家們，一起共同創造了豐碩的成果。

# 清大藝中歷史回顧

文·圖/ **賴小秋**

　　清大藝術中心的回顧史在此藉由歷屆的藝中主任們的任期來串連這二十二年漫長歲月。藝中所有工作是透過專業人才、群策群力、兢兢業業來達成，每個時期還是借重各個領導者特殊才能，所著重的規劃與理念均不大相同。歷屆主任氣質各異，卻都是通情達理、任重道遠之主管，既能尊重專業同仁，同時高瞻遠矚、運籌帷幄，參與藝中深切，帶走的雅韻至今回甘。在記憶長流中，他們的共同特點是熱愛藝術，有的熱情激昂、一身是膽，有的溫文儒雅、風度翩翩。在此讓寸寸韶光停格凝聚，重溫舊曲！

## 篳路藍縷

　　清華大學藝術中心成立於1988年，這個階段處於社會政經澎湃脈動的潮流趨勢中。政府宣布政治解嚴，開放報禁、黨禁、大陸探親，各行各業得以脫離過往無形的威權政治桎梏，藝廊快速茁壯，藝術市場蓬勃，經濟繁榮吸引藝術取經人口移轉回流，藝術界呈現多元化與區域化的趨勢。

　　宋文里教授當時擔任通識教育中心主任，並兼任為第一任藝術中心主任（1988-1990）。他是早期（1987）規劃通識教育中心「美育實驗課程計畫」的推手。藝術中心的成立，著實是為了提升清大校園藝術教育並讓師生、民眾能有直接體會美感經驗的場域，並開始積極籌劃藝術展覽。曾考慮以「清華藝廊」為名，但考量校園美育長遠發展的教育功能與意義，最後定名為「藝術中心」。

　　此時期的室內展覽廳位於第二綜合大樓圖書館的八樓，行政區域位於人文社會學院。活動著重於視覺藝術展覽的推展，規劃朱銘雕塑展覽、台灣早期藝術家、全校教師眷屬畫展、纖維藝術、歷史文物、攝影藝術、電腦繪圖、水墨、油畫、陶塑等等展覽，詳見本書第四部分李宗慬與劉惠媛兩位老師文章中均詳細提及介紹草創時期的展覽。

清大藝術中心在圖書館8樓,並標示出樓層的字樣。(李宗慬提供,左頁上圖)
劉振祥攝影展藝術家講座 1989(左一)宋文里,(中)劉振祥。(左頁下圖)
建築與生態道德展與會來賓 1991(上圖)
中國服飾靜態展活動現場 1992(中左圖) 「有無之間——蕭勤的繪畫」展覽邀卡(正面) 1991(中右圖)
藝術的過程與體驗 蕭麗虹裝置展活動現場 1992(下圖)

## 承先啟後

　　徐小虎主任為第二任(1990-1993)的藝中主任,她曾任職加拿大維多利亞美術館首任東方藝術部長及澳洲墨爾本大學藝術系所教授,學經歷豐富,因此劉兆玄校長任內邀請徐教授擔任清大藝術中心主任,為校園注入新的活力,爭取經費建造綜合二館一樓的展覽廳,並設有木製表演平台,是兼具表演與展覽功能的藝術空間,從此時開啟藝術中心篇篇精彩絕倫的樂章與藝術演繹。

　　徐主任為這個中心建樹頗多,規劃戲劇、音樂、舞蹈等方面的活動,更以其專業的藝術背景規劃了別開生面的跨領域展覽,例如剪紙藝術、風箏展、建築與生態展覽與

研討會、中國服飾設計徵件展與活動、陶塑裝置展、生物科技放射蟲展覽、貴州蠟染及地戲面具、茶藝與茶道、四校聯展。陶藝家蕭麗虹在省美館的開館裝置作品給予清大藝中人印象深刻，因此1992年蕭麗虹受邀到清大展出，讓清大師生能共同參與校園公共空間裝置藝術，由歷史圖片可見當時在清大湖畔與人文社會學院空間盛況，由本書訪談徐教授專文與張惠蘭老師文章可得梗概。

當時還邀請董陽孜老師於清大藝中個展，此展相濡以「墨」強調書法的空間感與藝術性的流動氛圍。並請其為清大藝術中心題字，因而董老師飛揚俊逸的書法遂成為藝術中心的logo標準字，歷年來沿用至今；當時也以此書法字體以金或銀色印刷於黑或白底的紀念衫之上。

## 典範樹立

彭明輝主任在其任內（1994-1996）確立頗多重要的理念與制度規範。首先思索當時校內對藝術中心的認知與需求程度，大學展覽場對藝術創作者的吸引力，以及藝術中心在藝術界的定位。相對於美術機構而言，大學藝術中心的經費與資源是處於捉襟見肘的程度。如何運用有限經費，在短暫的學期內有效地營運，前兩任主任內僅有的一兩位工作人員都努力達成任務，而彭主任任內是更有效地讓展覽流程由多位專業同仁主導，準備詳盡的展覽輔助資料，以協助觀眾更深入視覺藝術的核心，結合義工團、工讀生團體。這些工作方式有承先啟後的效用，至今仍沿用其運作方式、流程與優良的理念。本書序文之中彭主任詳細闡述其觀點。

彭主任為中心整合了極佳的在地資源，建立義工團體，讓所有愛好藝文的民眾能貢獻心力長期投注於清大藝術中心，除了接受展前的藝術家親自講解的課程，平常和工讀生搭配顧展時段，並可擔任導覽的工作。不少當年創始的義工，因各人生活重心的調適，有短暫的離開時期，也都能陸續地回流。因此藝術中心與新竹社區民眾的在地情誼更加深厚。

彭主任以理工教授的背景親自撰寫展覽序文，對藝中視覺、表演藝術徹底投入。這時期的藝術表現兼容並包：水墨、抽象、

桃 1996.12.10 中國時報

報時國中

十餘位創作者 風城聯手獻藝

原住民藝術展 濃濃原鄉情

（圖珠愛攝）

· 暮鼓中覺歉快輪在，展術藝民住原的辦華心中術藝大清

原生、族群、韌力——原住民藝術展剪報 1996（左頁圖）
文化公園活動：粉筆彩繪（上左圖） 礦工的生活——洪瑞麟展覽現場 1995-1996（上右圖）
高燦興雕塑展：痕展覽現場 1999（下圖）

甲骨文、絹印版畫、寫實油畫、記實攝影、樸素藝術、膠彩、原住民藝術、塔可夫斯基
影展、文化公園等。這裡摘錄各個展覽中他感性的幾段文字：「這是我們初次嘗試導
覽，一定有不盡如人意之處。請您不要因此對我們『一見心死』，我們將會在以後加
以改進……」、「……也祝您有一個愉快（而非充滿挫折感）的觀賞經驗。」、「藝
術中心已經努力踏出純美術的領域，迎向更廣大的觀眾群。……清華人能否捐棄對傳
統『畫展』的定見，以更開闊的胸懷來接納她？……」至此視覺藝術領域在前三任的
主任任內已經打下良好的根基，並持續茁壯！

## 樂章婉囀

　　熱愛音樂的外文系楊敏京主任，在其任內
（1998.2-2000.1）錄用兩位音樂專長的藝術
工作者進入工作團隊之中，因而表演藝術的區
塊自這個時期開始逐漸茁壯成長，藝術中心開
始進入大量推廣多元化的藝術活動。策劃美國
琶巴第大學的著名大鍵琴家、古代音樂室內樂
團、台北人室內樂團、清華教職員暨眷屬合唱
團、絲竹樂集、馬斯‧納格五重奏、台北凡雅
三重奏、新竹愛樂男聲合唱團等團體的表演節
目。新竹愛樂管弦樂團的首次公開演出的交響
樂之夜，便是在清大大禮堂揭開序曲。楊主任
為鼓勵台灣當代作曲家，辦理楊聰賢教授的作
曲發表音樂會。竹塹百人彌賽亞音樂會也畫下
楊敏京主任任內的完美樂章。

魔鬼與藝術文宣　1998（左圖）　　不安的遊戲──曾清揚個展活動側拍1999（右圖）

　　由於文學的專業背景，楊主任任內的藝術節目也文采飛揚，黃輔棠與康美鳳合作的「古詩今唱」詮釋千古流唱的孟郊〈遊子吟〉、李白〈靜夜思〉、李商隱〈錦瑟〉，中國古樂之旅演出曲目也涵蓋〈楓橋夜泊〉，〈陽關三疊〉。「魔鬼與藝術」音樂會中，楊主任、Fulbright交換學者Richard Poole教授與三位同學聯合演誦和「魔鬼」有關的Christopher Marlowe作品〈浮士德Dr.Faustus〉；這是史上絕無僅有：藝中主任參與表演節目的演出。戲劇方面的表演也精彩絕倫：有場深入美國戲劇史、劇場導演與演戲的探討，並有現場串演一段經常在美國歌劇院裡上演的劇碼及兩齣美國當代劇作家的名作。

## 志道據德

　　李家維主任擔任過藝術中心兩次主任，第一次為期半年（1997.7-1998.2），第二次兩年半（2000.2-2002.6）。藝中專業人員大致在李家維主任第二任任期內到達穩定狀態不再長期流動，均是國外回國的相關專業碩士，任職至今。在此之前的工作人員多屬大學畢業，僅將此工作作為前往海外留學前的踏角石或短暫的工作計畫。因此良好的

局部灌漿──國小學生參觀　2000

理念、制度、規範再加上願意長期服務的專職人員，每月、每季、每年不斷地更新藝術的資訊，規劃新穎的視覺藝術與表演藝術節目給師生與新竹民眾。李主任也在其任內賦予專業人員「藝術企劃」人事正式職稱，使其能在其位謀其政，循理而行，志道據德，能充分優游於專業的藝術行政領域之中。

第七屆國際袖珍雕塑展展覽現場　2000

　　公共藝術史上在校園的示範案例綜二綜三廣場的「清鏡」，規劃與徵件初始是於彭明輝主任任內展開繁複的過程，並於李主任任期之內完成了評審與設置工作。李主任第二任任期內，視覺藝術與表演藝術均有專業人員正常運作，更司其職，逐漸有並駕齊驅之勢，千禧年之後的表演節目的場次大量增加，並詳列於網頁之中可供點閱。

　　四校傳統的聯展方式，也在此時由清大藝中首創成功。第一屆不限媒材與技法的箱中密戲——新竹傳奇展（Box of Legends in Hsinchu），本展覽至今成為橫跨桃、竹、苗三縣市的十三校聯展，每年由不同的學校主辦策劃具開創性與前瞻性之展覽主題，鼓勵學生進行創意發想、實踐夢想與理想，讓生命力與創造力在此平台演繹交融。清大特別開放此展給社區民眾自由參加，時常有家庭主婦、上班族、中小學學生也踴躍參與創作，為平凡的生活增添趣味並激發不同社群藝術的異想空間。

## 依仁游藝

　　黃朝熙教授具有經濟專長並熱愛音樂，接任第七任的藝中主任（2002-2006）。已經使用十多年的展覽廳與辦公室區域，也在黃主任剛上任時進行首度大規模更新修繕的工程，工程雖大，但發揮黃主任的經濟專長，再度群策群力，同仁親自監工並挑選材料，錙銖必較，僅僅花費不到兩百萬元的經費，驗收時營繕人員聲稱這是清大最實在的工程，每分錢都花在刀口上，選擇質樸、合乎視覺觀感的材質。將舊有笨重布面展牆換成由上方鋼軌滑輪運行的展牆，不僅節省佈展工讀金、人力也精簡策展時程；之前布展談牆色變，作品尚未上牆之前便聲嘶力竭、筋疲力盡、人仰馬翻的時期，進入足以媲美美術館的優雅策展時代的來臨。數坪大的木製表演平台也在此時功成身退，表演藝術另有更大揮灑的空間與舞台。

　　過渡時期反而讓藝中的視覺藝術擴大到校內建築空間，人社院黃一農院長力邀藝

中視覺藝術的進駐，「Oh！Là Là法國三人展」、「身體與記憶展」、「女藝‧女憶展」、「界外藝術展」、「新配方——小碎藥丸」等展覽輪番在人社院空間與師生互動，美的事物在生活中共舞是人人所希望，但藝術不只是純粹的視覺美感而已，它可以引領一個議題、辯證、想像空間。

化逆機為轉機，化無聲為發聲，除了為學校規劃大型2002法國藝術節，以單一國家為藝術活動的主軸，音樂、藝術、美食、文字、旅遊、電影等為介紹橫切面，作深入的文化探討，獲得全校師生熱烈迴響，在秋高氣爽的竹風中體會法國這道「可移動的饗宴」。2003-2005連續三屆的台灣聯合大學系統藝術節積極地引介桃竹苗地區優質的藝文及音樂活動。沒了小舞台，需規劃大舞台，合勤演藝廳2004年春夏開幕系列音樂會拉開另一個表演藝術場域的序曲，校園餐廳柑仔店合作的小酒館音樂系列也深受好評。

## 繼往開來

劉瑞華教授為現任藝中主任（2006至今）；教育部三級三審的公共藝術案，由2003年開始執行至2007年劉主任任內完成清華會館〈候鳥歸巢〉與台積館〈媒嫁科技〉最後設置與驗收階段。〈無聲的對話〉則是邀請國際知名藝術家新宮晉在清大校園內設置首座動力公共藝術，綿亙千古的動力在此接續延展，座落山丘睥睨塵世，是公共藝術的精彩典範。

二十多年的努力在此時期，視覺藝術與表演藝術呈現多元化藝術領域的發展。專業行政工作已經成熟到足以應付如此龐大的策劃層面，不變的是得在同樣的經費下運籌帷幄。此時期可見到大型五到十位藝術家聯展的主題性展覽例如「纖維印象」與「具象演

台灣聯大露天藝術節　四校社團表演活動場景（左頁上圖）
清大2005年公共藝術展展場一景（左頁下圖）
2007年纖維印象展覽，藝術家張博然開幕致詞（上圖）
2009年具象演繹展覽，藝術家面對面盛況，張堂鏪、林欽賢、李足新、顧何忠列座講解。（下圖）

藝」受到桃、竹、苗地區民眾的喜愛，甚至有不遠千里而來的台北有心人士場場報到；每學期系列性、主題性的音樂節目策劃是音樂朋友的最愛，近期幾乎場場高朋滿座。

　　劉主任著重開發更多元的業務讓同仁接受新事物的挑戰，例如編撰2006台灣藝術教育年鑑，對該年的藝術教育狀況有深入瞭解。電影是其自大學時代至今的最愛，由本書電影區塊專文中可一覽丘壑。藝中參與規劃設計的合勤演藝廳場地於2008年納於中心業務管理範疇，錄用專業戲劇行政人員，自此開展每學期戲劇的專業講座、研習與表演節目，營運幾學期便已進入佳境，使表演藝術臻至完善。

## 多元璀璨

　　清大藝中的專輯出版在劉主任懷中醞釀輾轉已久，規劃並要求專業領域的策劃人員撰寫專文，各篇專文孵育過程漫長，如今專輯破繭而出實是貫徹理想的成果。懷抱理想，望向未來，心中凝結這二十二年漫長歲月，我們步步踩踏前人腳印與路徑前行，步履更加地穩健有力，締造耀眼的藝術扉頁。

# 藝中的同仁

## 成蛹

心中凝結二十二年漫長歲月，步步踩踏前人腳印與路徑前行，步履更加地穩健有力！——

# 藝術走進清華園
## 參與藝術，讓心成長

文/ **洪麗珠**　圖/ **林怡君、鄧淑慧、賴小秋**

### 我帶著我的藝術走進清華園

　　第一次走進清大藝中，是個炎熱的夏日午後。我來應徵面談時正逢骨折，因此腳上裹著石膏，吃力地佇著枴杖。一個留著小鬍子，理個大平頭的男子（蔡育田）端茶給我；另一位有著運動家體格，著短褲，打赤腳的男士請我坐下，自稱他是主任彭明輝。

　　環顧四周，這個辦公室只能用「混亂」二字形容，破舊的地毯上堆放著成堆的海報、邀卡，好聽的音樂與冷氣馬達的頻率共振著。問題一個個丟出來，幾乎都得用直覺答覆，我直冒冷汗。經過許多審查，我得到這個機會了。原來科學園區工作的老闆甚為不解，「學校的工作看得到路的盡頭，妳為何要跳進去！」我全憑一股直覺的回答他：「我想，藝術的工作就是，心可以成長。」

葉世強2009年個展開幕一景，左一為藝術家本人。

## 把我自己原來的藝術教育翻了兩翻

原本我的碩士背景來自一種井然有序的古典西洋藝術史教育，大部分的研究工作在美術館與圖書館中完成，藝術與其說是感性經驗，其實更是嚴肅的學術。這些年來，我們這一群伙伴共同策劃邀請進入校園的藝術家們，一次又一次的用他們的作品與他們對這個世界的熱情，讓我從活生生的人與經驗中學習，而不再侷限於藝術理論或二手資料的詮釋。我相信，類似的收穫，也經由每次展覽的呈現、義工訓練、展場導覽，傳遞給所有參與其中的清華園居民們。

短片聯映導演座談會合影　2008（上圖）
「清音與新韻──林銓居的山水歷程」展覽開幕合照　1999（下圖）

## 藝術必須從參與開始

清大藝術中心源起於1987年劉兆玄校長時代，清大向教育部申請的「美育實驗課程計畫」。以當時新竹縣市稍嫌貧瘠的藝文環境，規劃的老師們認為，光是藝術史、藝術理論這類的課程不足以啟發學生。「藝術，必須從參與開始！」與作品面對面，親身感受音樂舞蹈，與藝術家交談，這些經驗對於年輕學生，必定終生受用。

大學藝術中心最終必須面對「學生」這群最重要的觀眾與參與者。在這樣的原則下，工作人員親自帶著清大學生執行展覽工作，而不是全權委託給任何佈展公司或畫廊。雖然後者可能更方便省事，但並不符合「學生藝術參與」的基本立場，也容易淪為畫廊經紀的校園代理，忽視了校園學術的自主權與年輕邊緣藝術家所需要的機會。

在藝術家的選擇上，我們並不排除已經相當有成就的中青輩藝術家，但選擇至少每年有一次檔期，留給年輕有前景的創作者。不謙虛地掠美，我們期待這些藝術家的成

葉錦添個展開幕　2008（上圖）　塗毓庭個展寂寞的樹　2009（下圖）

長，同時代表了清大藝術中心的視野與品味。

## 作品、收藏家、藝術空間

　　清大藝中邀請學生參與藝術，是從一個88坪的空間開始。其中有兩個收藏展在校園裡鼓動不少的熱情。1996年我們（主要由蔡育田與黃子芸策展）與新竹收藏家林漢泉，大膽合作了一檔台灣原住民藝術展（後來才瞭解，這需要美術館級的經費與研究能力），藝中仍是清貧地只有幾萬元的預算與申請的另一些補助，而收藏家為了籌備展覽，連房子都抵押了。

　　對我來說，這些作品透露了許多重要的訊息：「只要自己願意，人人皆可以是藝術家；藝術從來不曾與生活脫離；雖然藝術可以跨越文化，但忽略文化差異性卻容易侷限了我們對藝術的包容與欣賞。」相對的迷思是哪些現象呢？在過去多年僵硬的學院教育或大眾媒體對藝術的典型報導中，藝術是專業，觀眾則是業餘者，被動等著被教育，無怪乎大部分的人對藝術的熱情，從幼稚園畢業後就消失了！

　　因為這個展覽，我何其有幸認識了這群可愛的原住民朋友，屏東泰武鄉佳興村成為我的第二故鄉，與我博士論文的主題，從2002年起，連續多年我在該地度過許多春夏秋冬，學習他們的語言與文化，去瞭解vinecikan（排灣語，用紋樣說故事，包含雕刻、紋手、服飾裝飾等）究竟與我們漢人所謂的「藝術」有何異同。

竹南蛇窯　期待美麗作品出窯　2009

## 質真若渝

　　1998年，喜獲台北紫藤廬周渝的同意，我與策展同仁潘家青實現了大學以來的夢想，將我們過去青澀年華時，常在紫藤廬看到的牆上畫作（包含榻榻米空間、茶桌、茶，當然，還有折枝插花）在清大展場重現。許許多多的清大師生湧入展場來上課，在這個人文空間高談闊論。我當時曾寫下：「民國八十年到九十年間是紫藤廬畫展密集時代：陳來興、邱亞才、鄭在東、李美慧、郭娟秋、于彭……，仔細觀察這群畫家，

文化公園台北打擊樂團演出　2008（左圖）　　文化公園現場民眾熱烈參與（右圖）
高燦興雕塑展藝術家本人側寫　2008（右頁圖）

其共通特質在於非學院出身或脫離一般學院思維的創作態度，他們在早期尚未能被官方展覽或商業畫廊青睞。周渝先生以一種惜才尊重的態度與他們交往，討論創作上的突破與困境，而非止於單一畫作的買賣交易關係。他對學院體制在文化傳承尚未盡職責相當失望，認為文化需要不斷創新與累積，社會中最不好的就是過度宰制，他經常提及老子『生而不有，為而不恃，長而不宰』之觀念，主張創作之外的機制，包括收藏家，也無權獨裁主導藝術創作。」這個展覽提醒了清華園，不要輕易地把學院的知識擴大為權威。

## 由藝術空間走進校園

　　守著一個乾乾淨淨定時開放的藝術空間，固然能表現展覽的質感，相對的也有其侷限。不要再受侷限了吧！整個清華園都可以是我們的展場。1994年我們開辦了最簡樸、最手工、總是看天吃飯的戶外藝術活動「文化公園」，成功湖邊散坐著寫生的畫家們，小演奏平台上熱情的鋼琴指音，抓緊了台下的注意力。

　　從老人到小小孩，從學生到遊客。這裡沒有觀眾類別的侷限，也沒有作品風格的侷限。

　　藝術，本來就應該在生活中享受。

## 藝術空間的改造為平凡的日子帶來微笑

　　有了文化公園的甜頭，我們開始把藝術走入校園的野心延伸到舊空間的改造。首先是教育館，我們把陰霾的一樓大牆與鐵窗，拆到離地50公分，裝上明亮的玻璃窗，清華園的綠與明亮的陽光，整個瀉入這個原本陰暗的一樓大廳。戶外的木座椅旁，黃色的小蝦花對著路人微笑。這個大廳目前是所有通識藝術課程的學生展覽空間。

　　這裡需要更多的陽光！教育館右側的小路，佇立著無門無窗的破舊工廠，原本是擁

擠的摩托車停車場。到了晚上陰冷肅殺，只想快步通過。聽到了摩托車即將移到摩托車塔的好消息，我們加入了改造的行列，破工廠的屋頂更換了透明的浪板，窗戶加了大木框，還有一個人人皆可留言的大黑板，牆上塗著的是像陽光一般的乳黃色。導引進入這個空間的是紅磚的立柱，小型的雕刻展覽空間，漂流木製的椅子與蓮花陶缸對望。就叫它「陽光走道」吧！它不但是另外一個展覽空間，也為每一個走進校園的師生帶來一天的好心情。

在陽光走道的盡頭一顆大樹底下，坐落著一個四、五坪的小紅磚屋，經過我們與新竹木造社的合作，它改造為香氣濃郁的木造屋頂，這個小小的展覽空間（藝術工坊）集結了校內、外不同團體的熱情與勞動。它的展覽也聚焦在與校園內不同的系所合作，試探各種藝術可能的形式。從點連到線，它們不再是孤立的藝術空間，走過的人每天與之互動，全然不同於其它封閉的藝術空間。

## 公共藝術，我們準備好了嗎

廣義的公共藝術老早就在校園裡了，例如楊英風在大禮堂前草坪的雕刻。此外，駐校藝術家高燦興與陳國強捐贈給學校的作品，一個放置於圖書館前，另一個則放置於大禮堂內。

清華園向來有愛樹成痴的美好傳統，卻很少聽到有人願意在校內設置永久的藝術作品。另人驚訝極了！清大最早的兩件公共藝術，都不是因為法規要求而執行的，因此帶著一點熱情、彈性的模糊與實驗的精神。工程館一樓有蕭麗虹與動機系師生合作的作品，期望甚高，挫折也未曾間斷。至於鴿子廣場由王存武執行的〈清鏡〉，則是清大藝中向文建會爭取650萬的經費，才得以執行的校園公共藝術實驗案。

## 清華園，你一直都在參與台灣的藝術

接下來的許多公共藝術案，則會有其他同仁細述，在此不多贅言。從1988年清大藝術中心成立以來，藝術走進清華園的方式更加的多元，充滿了挑戰性，也邀請了更多校園師生的參與，熱情的實驗與創新求好從未改變。

# 匯聚美的實踐能量
## 策展——藝術介入大學校園

文·圖/ **賴小秋**

### 關照社會的明鏡

　　展覽可說是現代社會逐漸演變而來的文明產物，原本起源於歐洲皇室將私人珍藏物件呈現給貴族們欣賞的方式，隨著時代巨輪的推演，藝術展覽內容形式愈來愈趨多元，承載與傳遞著當代美學思辨、藝術創作與審美觀點等訊息，也進而能作為我們關照社會現象或議題的明鏡。

　　清大藝中策劃的展覽並非一般美術館或博物館式的運作方式，沒有公家單位奉命行事的桎梏，它成為藝術自由馳騁的場域，以及校園內專業務實的藝術場域。對我而言，不僅僅是建立藝術展覽的理念、觀點、論述而已，而是透過整合人、事、時、地、物等多方資源，建構思維、統整能力、生活實踐等學習介面，以展覽帶動校園整體視覺藝術生態持續滋生茁壯，提供學生藝術學習的基礎、實踐的場域。主張人人都是藝術家的德國藝術家波依斯曾經說過：「知識實際的體驗較純邏輯性的思考更重要」不也說明藝術介入大學校園的真諦。

### 藝術行政專業人員

　　我應該算是被定位於美術館背景訓練下的早期藝術行政專業人員，二十多年前的一場台灣省立美術館開館籌備人員的公家考試，讓剛大學畢業的我就這麼一頭栽進當代繽

劉柏村雕塑個展——鋼鐵架構 II 自然‧空間與中介質地　2007（左頁圖）
李小鏡系列展開幕，李小鏡致詞，1993-2007 DANIEL LEE/1993~2007清大藝中　2008（上圖）

紛絢爛的藝術領域，節奏緊湊地與國際策展人、藝術家互動。兩年後再考入北美館展覽組，該館甫成立六年正值黃光男館長建立完善制度的時期，我在兩館負責的業務都是辦理國際性展覽。台灣省立美術館、台北市立美術館可說是培育我專業藝術行政的搖籃，若說今天的工作能力上能游刃有餘，追本溯源，兩大美術館的人、事、物啟蒙我對現代藝術反思，以及鍛鍊藝術實踐過程的生命力，源源不盡的視覺藝術就像巨大的共鳴體般，讓人越走越深，越來越投入，沈浸在當代豐富而多樣的藝術領域之中。

## 過盡千帆‧溯回藝術原點

　　婚後隨著夫婿出國求學，兩人海外遊蕩八年後，一家四口又回到這塊生我育我的土地。清大藝中是我藝術生涯中落腳的第三站，或許是過往的紮實資歷讓人側目，面試時被告知「這工作怕委屈你了！」，但我很篤定這是我要的工作。雖然這裡的展覽廳只有區區一間僅88坪，比不上美術館大大小小各式各樣的專業展覽空間，但能有親自籌劃與耕耘藝術展覽的機會是遠勝於任何形式的高薪工作，付出的心血越多，也回饋得越紮實。我暗自忖度若能活化以往辦理國際展覽的經驗，以中介身分，搭起當代的台灣藝術家、藝術體制、學生團體與新竹觀眾的橋樑，不也是美事一椿。

## 迷你繽紛的萬花筒

　　校園藝術機構中沒有美術館的其他組室作後盾，除了策劃展覽之外，典藏、研究、教育推廣、圖書資訊等方面都要親自負責管理與規劃。這就像是個迷你繽紛的萬花筒，

也匯聚了精彩絕倫的光澤；我因而突破美術館策展的縱深面向，將觸角伸向整個運作的橫剖面，也向廣大人群展開雙臂，這正也是校園藝術機構迷人之處。

出國留學的因緣際會讓我意外地由美術館職場闖進學術園地的藝文空間，思考的面向是如何活化冰冷的現代藝術展覽，讓學生、民眾、師生都能深刻體會藝術的澄淨之美。這裡落腳一轉眼也邁入第十個年頭，展起展落，迢遞更換，猛然回首細數由美術館時代至今親自辦過的展覽數目也有六十個左右，不斷累積每個展覽的知識辯證與論述撰寫，透過實務的操作實踐，每件事物，獨具特性，總能讓人低迴吟詠，歷久彌新。

手相連，華麗帽險──2008年十一校聯展，藝術工坊　2008（上圖）
具象演繹展　撤展時學生細心包裝作品　2009/12/04（下圖）
楊智富個展　語言的辯證與想像　楊智富校園行腳開幕合影　2010
（右頁圖）

## 破天荒的文物展

迎接清大藝中任務所辦的第一個展覽即為「孫立人百年冥誕文物紀念展」讓我一開始十分憂慮這個中心的走向，似乎和之前任職過的現代美術館大相逕庭，較類似於文物館的風格。後來事實證明這只是我策展史上破天荒的唯一文物展，孫將軍為清大校友的因緣使然，往後又回到現代藝術的方向上。絕無僅有的文物展讓我體會到孫將軍的個人魅力與眾志成城的力量，展務因而能順利推動水到渠成，來賓如潮水般湧來。

開幕僅四日，人數已達千人；他就像一塊磁鐵，深深吸引每位交往者或仰慕者，在每日清晨均有慕名而來的民眾或孫將軍舊屬於開館時間前，在門口徘徊張望，我習慣清早就來上班，體恤老者遠從台灣各地前來觀展，特地每日於6、7點開放給觀眾看展，有人便待一整天熱心地照料展場，由這些忠心耿耿的老先生身上，可品味出孫將軍帶兵帶心，至真至誠的個性。為期短短二十五天的展覽日期中，參觀人次近約四千人。展覽

場地順應校情與民心，活潑多樣化的運用也讓大家皆大歡喜，但確實非我現代藝術專業能面面照應得當，尤其是在史料的研讀與詮釋方面，藉助於各方的力量凝聚這個璀璨的文物紀念展覽。

## 詩意的觸感與靈動

　　藝術中心這方園地接納過無數藝術創作者，身為專業的藝術行政工作者，職責便是安排適切的藝文展演活動，導引民眾與校園師生與美的人、事、物親近，每個展覽具備藝術家獨特的創作軌跡與能量，就在當下的我們也浸淫其中，真實的互動經驗攪動心弦，伴隨專業知識醞釀發酵為純真的藝術境界。

　　猶記得千禧年12月初，難得一見的冬陽盡情揮灑於清華成功湖畔，一位遠道由紐約而來的藝術家悄然蒞臨藝術中心，這是我在清大藝中策劃的第一個視覺藝術展覽。初見池農深時，你會覺得她是位略帶靦腆羞怯的鄰家女孩，但與其談論到如何在展場中展現其作品時，她神采頓時飛揚，自信而豪爽，她迅速地手執榔頭，專注地將釘子敲於壁上，再用手丈量出下根釘子的方位，不一會兒一件黑色的框作便四平八穩地懸掛於壁上，框上再架放上油彩作品，日記系列的佈置雛形便躍然而出。她只是作了簡單的示範，展場與作品的互動與對話，便留給策展的我和工作學生盡情詮釋。待展出時，她再詳細品味他人如何展現她作品間的關連性及整體性。繪畫日記手稿油彩畫與黑色祭壇木

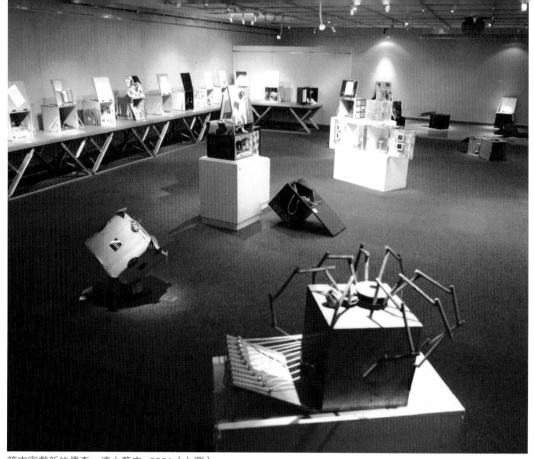

箱中密戲新竹傳奇，清大藝中　2001（上圖）
越界與流移亞洲新娘之歌，侯淑姿攝影展，學生負責裝框，清大藝中　2005（右頁圖）

（Martyr Black）與霧玻璃（Sanded Glass）所製成的框作形成有趣的對話；在同一空間中演繹出無數不同的風采與魅力。

## 空間的魔術師

　　藝中展廳曾於2002年進行短期修繕期間，策展的場地轉移至校園內其他建築物的公共空間，人文社會學院因而有一系列的現代藝術展覽，也敞開現代藝術原本孤傲難懂的門扉，進駐師生群聚的公共空間。第一檔「Oh! Là Là!」展出林舜龍、林伯瑞、楊仁明三位曾負笈法國，追尋藝術真諦的藝術家們；重新詮釋空蕩的清華大學人文社會學院建築空間，注入新的藝術與人文思維，使整棟建築頓時精神煥發神采飛揚起來，讓踏入人社院的清華大學師生及大眾也感染愉悅的藝術與清新的人文氣息，的確令人有耳目一新、自內心發出由衷的讚賞，也讓我們像驚訝的法國佬般，觀看藝術的饗宴評頭論足不斷發出「Oh! Là Là!」的讚嘆！

　　我接續策劃配合人社院女性議題活動的「女藝、女憶」展與新竹師院美教系畢業生「新配方——小碎藥丸」展覽。女藝展出藝術家有吳瑪悧、張金蓮、黃瑛玉、南里朋

子、鄧文貞等，五人均是孜孜矻矻地耕耘自我藝術世界的藝術創作者。小碎藥丸展覽的二十多位的年輕藝術創作者中，近年來也有攀登藝術界頂峰佳績的呈現，我也與有榮焉曾與他們在藝術界起步時於清大公共空間共舞一曲。

不同氣質的藝術創作輪番交替，陽剛、質樸、寫意、抒情、愉悅、詭譎、神秘、開懷、浪漫、詩意等氛圍迴旋凝聚於空間，激盪出你我心中對藝術的感想。

爾後也順應其他單位的藝術需求予以藝術專業的策展協助，讓行政空間具有藝術氛圍，如台積館、工學院等館舍。藝術介入空間的效應相信是有目共睹，其實真正的尊重應來自於每位空間的使用成員，意識到藝術作品在空間中散發的能量，展覽絕不是陪襯性的裝飾品！他們是空間的魔術師，是空間的主導性元素，孕育出空間的特色與韻味。

## 新思維革新創作方向

進行九年的新竹地區大學校園徵件美展，我是始作俑者的策劃兼執行，以嶄新方式讓創作者天馬行空來呈現一口箱子。突破並革新依傳統媒材分類收件的舊有校園及地方競賽美展形式，帶給參展者不同的思維及創作方向，掀起學生與一般民眾參與校園藝術活動的熱忱；並藉著箱展活潑的藝術樣貌，激發滋養豐富而多元的校園及地方的藝術發展。旗子、稻草人、T-shirt、攝影、竹子、袋子、帽子、手套也相繼成為各校選擇主辦的創作媒材。

清大藝中的策展口碑可真的是聲名遠播，2009年嘉義溪口客家文化館落成活動，特別以箱子作為家鄉寶的主題創作媒材。9月某個週末我受邀將箱展作品與執行過程，和溪口鄉民分享。原本因H1N1的肆虐而不敢答應，最後本著推廣藝術的熱忱上路。回程路上看到新港奉天宮廟會的花車、遊行的神像隊伍，讓我這從小在台北長大的都市人看起來都很新鮮，熱忱樸實的鄉民與清新的田野風光令人印象深刻，而家鄉寶特展也於10月底成功地推出，鄉民結合客家文化的創意令人激賞。

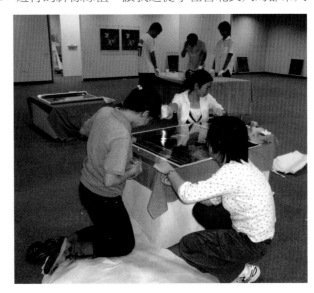

## 軸心主題貫穿展覽

以一個易懂的策展主要軸心主題貫穿展覽的手法，也和箱展有異曲同工之妙，「身體與記憶」及「社群影像」是兩屆聯合大學清大、交大、中央、陽明四

校藝文展覽軸心主題。身體可說是人類最親密、熟悉的生命媒介，它是一切記憶、想像、慾望的活水源頭。人類反芻身體的意義，而以其為創作媒介與標的，生存意義與想像空間因而無限延伸。

「社群影像」中，我推薦邀請知名中生代侯淑姿攝影藝術家，其攝影作品具有深度的藝術創作觀點，強烈的社會批判性與社會關懷。她以亞洲新娘為題，深入探索這些新移民的處境，正視其自我意識與認知。此系列創作脈絡不斷強韌地延續，2008年侯淑姿更獲得亞洲文化協會的獎助訪問外籍新娘家鄉，探視曾受訪外配姊妹們的原生家庭，建構2009年「望向彼方——亞洲新娘之歌III」創作主軸。清大藝中能作為探討「外籍新娘」這個議題展覽的起始點，堅持對生命價值尊嚴的致意，所匯聚的實質能量非凡。

## 魅力四射的主題性聯展

聯展也時常與個展交替運用，當然校園的主題展規模自然還是遠小於美術館動不動就四、五十人大型聯展，但它的規模適中，論述清晰明確，絕不會變質為藝術大拜拜的噱頭，也儘早規劃研究較能遴選最為適當的創作人選。2004年的「醉陶——天母陶藝工作室回顧與創新」展，回顧滋養凝聚無數年輕的陶藝家的工作室；眾多陶藝家領略天母陶藝工作室所涵養的動力，仍發揮效用使他們繼續在陶藝上鑽研，而今風格各異其趣，呈現多樣化的陶藝境界。

戮力以赴策劃過的聯展反映當代藝術創作豐富的多樣性，例如「我們的故事‧我們的朋友——明哲與明崖創作展」、「三石鼎立——胡棟民、吳建松、董明龍的藝術世

三石鼎立──胡棟民、吳建松、董明龍的藝術世界，清大藝中 2006（左頁圖）
纖維印象──虛實演繹2007，呂兆宏示範雙次半套結法 ，清大藝中 2006（左圖）
帶領公共藝術賞析課上學生每學期清理戶外公共藝術品 2007（右圖）

界」、「離心聚合：王文平·劉永仁·盧怡仲」、「纖維印象──呂兆宏、林彥伶、林嘉容、連時宜、陳淑燕、張博然、黃麗絹、黃文英、楊偉林、酈苅庭」、「二十週年特展回顧與前瞻──劉振祥、李亮一、楊仁明、鄧文貞、吳松明」、「具象演繹──林欽賢、李足新、洪天宇、顧何忠、張堂鋪」這些展覽刻劃出藝術創作的純淨軌跡，在時間節奏的流轉中幻化出截然不同的性格，真實地體驗藝術的本質及與作品感應的愉悅。

## 先公共後藝術

　　去年難得的機會，特別為清大心靈發電廠自強講堂無薪假人士及社會大眾規劃十堂免費公共藝術課程，與平常通識課堂上的教學有所不同。邀請歷年來奉獻心力於台灣公共藝術界的建築師、藝術家、藝評家、景觀設計規劃者、相關機構負責人與新竹民眾分享他們寶貴的經驗，讓民眾關心環境視覺的議題，培養參與公共藝術的熱忱。

　　我所負責執行清華會館（第三招待所）與台積館（科管院）案例，以及擔任執委的新宮晉案例剛好都是教育部三級三審的公共藝術案。時間上校內案例執行起步得早，公共藝術的藝術團隊才能在創作過程中適當時機與建築團隊、當地居民產生密切互動，更進而探究公共藝術的「公共性」、「藝術性」、「場域特性」、「歷史記憶」、「與當地對話」、「社區營造」等的焦點議題。公共藝術企畫案能催化出校內師生及社區民眾生活中對空間共鳴，呈現多元活潑的社區互動經驗與記憶。公共藝術所提供給民眾的美學觀點是多樣化，不管你對眼前公共藝術是讚賞抑或是批判，它激起民眾對環境的注目、關懷、參與，並有深刻的互動與對話。

# 樂章外的音符

文·圖/ **林怡君**

## 表演藝術企畫在藝術中心的職責

從1999年7月至今，我一直在清華大學藝術中心擔任表演藝術企劃。主要負責音樂表演的安排，但過往也安排一些電影、舞蹈、戲劇等演出活動。2008年起，藝術中心有專業於戲劇及電影的工作人員加入，於是專職於音樂表演的推廣，以及舞蹈表演的安排。

清華大學的校園，因為有藝術表演活動，讓這個以理工為主的大學顯得活絡。藝術中心的職責是介紹藝文活動給清大的教職員及師生；但同時，因為清大的地理位置鄰近豐富多元的住商混合區，校外的居民，也常是藝術中心表演藝術的觀眾群。因此，在表演藝術的安排上，就會常常考量教職員學生的需求，以及適合推廣給大眾的藝文活動。藝術中心邀請的演出團體，更是常常以年輕的藝術家，或者剛起步的演奏家為主，搭配知名的表演藝術者，籌辦以學期為單位的各項活動。

## 改變企劃形式，拓展觀眾圈

藝術中心在個人的任職之內，把每學期的音樂表演系列化的推出，也就是說，藝術中心的表演活動是經過設計的，與其他地方性的文化中心不同，並非只是接受一般申請而已，而是以接受申請及邀約演出共同進行。這樣的方式，可以讓有興趣的民眾接受一整個主題式的規劃，也可以茁壯整個企劃的聲勢，在宣傳上造成影響。

當初，接受這個職務之時，看到之前所規劃的各種表演活動非常的豐富，但是以一位被動的觀賞者及主動的企劃執行者的角度來觀察，又覺得「系列化」，或許是另一種組合表演活動的好方法，於是在每學期之初，開始著手做各種音樂系列的活動企劃。這樣的企劃方式也頗受好評，觀眾在一整個學期內，有如接受完整的課程一般，若能將各個表演看完，也就是接受了最初步的資訊，又藉由表演者開設講座、工作坊等，讓參與

中東鼓workshop（上圖） 中東鼓與絲路樂團（下圖）

的每一位確實接受大師的指導，更能領略大師的表演風格，學習到對自己有益的展現技
巧。這樣與觀眾互動的方式，也更能讓觀眾對於藝術中心有份感情，將藝術中心隸屬於
自己鑽研藝術，欣賞表演的一個好地方。

　　藝術中心的表演藝術規劃，在音樂表演方面，有規律且系統的持續在進行：
以1999年來說──撥弦的音樂家系列，介紹在音樂舞台上表現亮眼的音樂家，包括國家
交響樂團的成員等，來藝術中心演出。對於觀眾們來說，可以在新竹地區不必花錢買

入場票券，而看到與台北一樣的音樂演出，對於新竹的民眾及學生群有著莫大的吸引力。在原本集合了各種藝術活動的「文化公園」系列中，2000年則是改變了以往邀請各種藝術表演的形式，反以新竹地區的舞蹈實驗班，舞蹈團體為主的演出，夜晚的戶外舞蹈演出，更是讓家長們、清大附近居民，以及教職員學生讚賞不已，認為能在大自然星空下觀賞各類型的舞蹈表演，實在過癮。

## 回顧——駐校音樂家

2001年的表演藝術中，也邀請到第一屆的駐校藝術家——小提琴家蘇顯達教授至清大開課，指導弦樂社，並開設大師班提供小提琴學子自由參與接受指導，蘇顯達教授並於清大校園內舉行獨奏會與室內樂音樂會，讓駐校藝術家實質的影響校園的藝術表演活動。蘇教授並於音樂會之外，舉行公開演講，分享留學法國的經驗，提供欲出國留學的小提琴學習者另一個留學選擇，並介紹他個人使用的名琴，以及如何以小提琴技巧展現優美的琴音為主題之演講。2008年舉辦了第二屆的「駐校音樂家」，此次邀請的是當時駐瑞士樂團的小提琴手黃義方。黃義方先生於清大舉辦了室內樂的音樂會，並邀請來自世界各地的演奏家，特別為校慶音樂會演出，讓校友們著實欣賞了一個高水準的演出。黃義方先生並於駐校期間，邀請阿根廷小提琴青年演奏家與清華大學弦樂社做交流，並且於校園內舉辦大師班，提供清大校園內小提琴的學習者單一指導的機會。

駐校藝術家的這個典範，現在經常的被各大學院校採用，教育部在2009年亦辦理了駐校藝術家的活動，清華大學藝術中心樂於與各大學分享駐校內容的策劃經驗，讓更多藝術家可以影響校園。

## 樂器家族

2002年的主題為「低音樂器」，其中介紹了低音管、男低音、低音提琴、低音號等，也邀請各演奏者為所演奏之樂器做介紹，讓觀賞者除了音樂本身，也藉由音樂會學

習到樂器的相關知識。許多觀眾在觀眾意見調查表中也反應，這種介紹樂器，欣賞音樂的方法，會更加了解音樂演出的曲目內容，也對於樂器有更深的認識，與音樂家的互動會更覺得有趣。

2003年舉辦了「火焰、六弦」系列，則是介紹吉他這項樂器，藝術中心與台灣吉他學會共同合作，將吉他的各種表演可能性介紹給清大的觀眾。內容包括吉他獨奏、吉他創作、吉他與其他樂器的合奏、吉他的團體合奏等。藉著吉他的普遍性，以及高接受度，更多的將吉他演奏推到清大的舞台上。觀眾們對於吉他這項廣為熟知的樂器，也表現了極高的參與力，在各個音樂會上的觀眾人數明顯增加。

2003年下半年，藝術中心介紹了「罕見樂器家族系列」。目的在於介紹少見的樂器，以及其相關家族樂器。分別舉辦了：低音豎笛的家族、短笛的家族、倍低音管的家族、高音小號的家族，以及低音長號的家族音樂會。這些樂器家族的音樂會，因為是連慣性的，引起不少觀眾接二連三的參與音樂會，為要聆聽一個又一個不同家族的樂器音樂會，並且藉機會認識演奏家所介紹的各種樂器。

駐校音樂家個別指導（左頁圖）　　駐校音樂家室內樂指導（上圖）

# 因地制宜

## ● 合勤廳

2004年適逢合勤演藝廳開幕，合勤演藝廳舉辦開幕音樂會，邀請清大音樂性社團、爵士樂團體，以及專業演出的古典音樂室內樂團至校演出，為合勤演藝廳做最棒的展示以及功能的介紹。2005年則介紹「異國風的舞蹈」，當時的佛朗明哥舞蹈，以及中東肚皮舞、印度舞蹈、火舞的舞蹈教學工作坊，更讓參與課堂的同學們覺得不虛此行，造成網路間熱烈迴響。2006年也邀請到國內佛朗明哥舞蹈的工作者林耕及其所創辦之迷火舞團演出，現場並且邀請國內佛朗明哥吉他演奏者搭配舞者現場表演，讓整個演出充滿濃濃的西班牙風。

2007年舉辦創作型演出者的音樂表演，當時所介紹的黃建為，後來也在金曲獎中奪冠，更顯示了清大藝術中心獨特的眼光。當期的演出安排也同時介紹了民歌系列，同樣是與「IC之音」共同合作，邀請民歌主唱，以及原住民團體「野火樂集」至清大演出。2009年於合勤演藝廳舉辦了多場中東鼓，西塔琴，以及以原住民語創作的講座並開設工作坊，讓參與的學生可以學習打中東鼓，認識西塔琴音樂，以及了解這些「雲門流浪者計劃」中的人是如何在流浪計畫中學習到他國的文化，並帶回到自己的國家，運用在自身的表演藝術中。中東鼓的工作坊吸引了不同批的觀眾響應，大家對於學習敲擊中東鼓也展現的極高的興趣，身為活動企劃的筆者也非常開心提供了大家一種有趣的課程，讓大家在工作坊中學習及嘗試另一種教學法。2009年下半年，則是邀請外籍樂手駐團的團體或外籍演出者演出，其中包括阿根廷吉他演奏家帕伯羅馬奎茲，華裔鋼琴家Amy Lin的鋼琴獨奏，以及比利時Orbit folks等，這樣多不同的規劃，觀眾人數一再顯示節目的可看性，受歡迎的程度不在話下。

## ● 小酒館

2004年另一項不同於一般演出的系列為「小酒館的音樂」系列。系列中邀請許多駐台北有名的小酒館，pub的演出者至清華大學演出，並將演出場地改為當時學校出租給外面業者的「柑仔店」餐廳，讓觀賞者在仿台北小酒館的氣氛下欣賞演出。小酒館音樂會的形式，讓許多爵士樂愛好者或創作音樂，獨立樂團愛好者有一個欣賞音樂的空間，不少觀眾反應，在工作繁忙之餘，能夠聽到這類型輕鬆又小型樂團的演出，期待藝術中心多多辦理這類型音樂，這對於嘗試企劃不同類型音樂活動的筆者，鼓勵不少！

## ● 野台

2007年由於清大建設有一戶外演出場地——位於小吃部外的「野台」，於是安排多場適合於戶外演出之活動，並且以「東西方的交會」作為主題，作為表演的主軸：玻利維亞安地斯樂團之「翱翔安地斯」讓不少國際學生回味家鄉音樂，或坐或站在舞台前，欣賞演出。南庄獅鼓陣的演出，更是讓校園學子們對這些演出者的年紀刮目相看。「好

爵士四重奏　野台演出

　　客樂隊」的客家歌謠加上訴求「愛護土地，愛吃飯」的主題，更是對學子們一項更深的
影響：除了音樂之外，音樂團體也可以音樂喚起更多人對環境的保護，以及對自己腳下
的這塊土地感恩。

● 大禮堂

　　藝術中心的活動也不時使用大禮堂的場地辦理不同的大型活動，以2009年來說，
安排兩場舞蹈於清華大學大禮堂演出。肢體音符舞團及光環舞團的演出就令人驚艷！
光環舞團在演出之後，並邀請觀眾上台體驗在倒滿「嬰兒油」地板上行走或舞蹈的困難
度，並且與觀眾互動，編舞者與觀眾有對答的交流。觀眾們藉由行走在嬰兒油上，才了
解原來要在其上舞蹈這樣困難，要在肢體動作上發揮最美的效果，又是何其的艱深。這
又說到藝術家要展現美感，是要發揮多大的力量來告訴欣賞者，我熱愛藝術，我為藝術
而活，我的藝術因為我而存在！

　　另外，也邀請國內交響樂團演出管弦樂音樂會——「台北市立交響樂團」、「新竹
愛樂管絃樂團」分別於12月至清大大禮堂演出。2009年舞蹈部分，也協辦劉鳳學老師
所領導之「新古典舞團」於清華大學大禮堂之演出。這樣多的不同形式表演藝術活動，

台北銅管五重奏　清大野台演出

就是期望帶給清大校園不同的生命力，藉著藝術的力量，讓每個參與者有另一種生命的啟發。

## 與市府，廣播電台合作

2004年與新竹市政府，新竹地區廣播電台「IC之音」共同合作，舉辦「新竹之春」音樂會，邀請新生代青年音樂家至清華舉辦音樂會，「新竹之春」活動亦屬於新竹的大

型音樂活動，結合各個機構的力量，共同推廣同一個計畫。與市府合作的經驗，對筆者個人來說有相當的幫助。除了介紹清大的藝文活動給當地的政府機構外，從中更加認識各種與藝文有關的相關單位，也讓辦理藝文活動的筆者了解有許多的協助可以由地方政府文化局提供，並可以拓展藝文活動的推廣。電台製作的節目則是幫助筆者在媒體方面的學習，學習別人的企劃宣傳方式，以及多認識藝文界的媒體朋友們。這些，對於藝術行政上的確非常有幫助，將活動企劃後，推展至觀眾群的管道，更能發揮辦理活動的意義。相信對於觀眾們來說，藉著幾個機構一起辦理活動，可以更加認識新竹的演出場地，並且多了解新竹藝文界的發展。藝術中心在本人任職內與市府以及地方廣播電台合作數次，新竹當地的「寰宇電台」也是藝術中心時常合作的對象。新聞媒體將藝術新聞透過各種管道傳播，也可以蓬勃發展各種藝術活動。

## 展望——寄望未來

### ● 找尋更多為藝術付出的新靈魂

清華大學藝術中心的表演藝術企畫，已經成為一個固定的形式，但在求新求變的時代，這樣的方式或許還有可進步的空間。這篇文章其實也記錄了個人工作外的心情點滴，在音樂樂章之外，舞台背後默默策劃節目，期望所介紹的表演團體能夠喚起觀眾的共鳴，大家藉著一齣又一齣的表演，凝聚一股力量，繼續支持表演藝術。

另一個期望是有更多的機會跟業界合作，與企業合作，由不同的企業贊助大學藝術中心，讓更多的青年藝術工作者能繼續為藝術而生活，也藉著企業界與學校表演藝術的接觸，讓更多員工家庭接觸到多元的表演藝術。社區服務也是另外一項，期望藝術團體因為有藝術中心的資助，得以至社區、醫院演出，藝術工作者走出校園，直接至社區團體間作演出，讓觀眾不必進到校園裡，在社區內公共空間，就可以欣賞到不同於電視節目的水準表演。讓清華大學附近社區民眾直接接觸表演活動，進而願意進到校園觀賞藝術中心所安排之表演藝術活動，觀眾的人數，熱烈的掌聲，其實，真的是表演藝術企劃工作者的另一項鼓勵！

# 藝中時光疊影
## 為藝術付出，過往與如今的空間對話！

文‧圖/ **林甫珊**

### 起初

　　2001年開始在清大擔任藝術企劃的工作，那時寫下了〈我心目中的大學藝術中心〉，過了八九年，回頭看看當時自己寫下的文字，有種奇妙的感受！

　　當時我坐在家裡小小的電腦前用一隻手指打下「藝術行政就是：完成事情的過程；為了要做許多有趣的事，所以我會將行政處理順利。」當時的我剛畢業，連中文打字都不擅長。做行政工作也許繁瑣，但其實不太困難。其中的目的與意義才是它真正的靈魂。清大藝中有一種年輕熱情的氛圍，許多風格起源於之前的傳統。其中有意思的特點是和學生一起工作，所以我們常常和學生在夜晚一起佈展或是創作。

### 舞台

　　「不論是在藝術之範疇，或是人文的領域，藝術中心都有它都有其獨立的地位。所有形式的藝術作品，在此展出時不需受到市場機制的操作，同時能夠以特定主題之邀展，這是相較於一般私人的畫廊所不做的。」2007年清大藝中代編台灣美術教育年鑑，當時我們亦以此為主題作了展覽：「我們都是這樣學習美」Look! We are learning

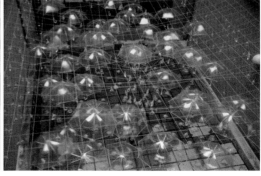

「清大日晷」由科學家老師測量，藝術家老師設計，不但準確而且美觀。（左頁左圖）
人文社會藝術空間特別適合裝置藝術展出，此為葉以諾作品〈下雨天〉。（左頁右圖）
我們所舉辦的藝術活動「清大的工地秀」，配合清大的工程圍籬，讓乖寶寶學生享受塗鴉的快樂！（上圖）
藝術教育展「2007藝術教育展──我們都是這樣學習美」（下圖）

art！這個展覽找了台灣當代許多不同的藝術教育模式。同時也在其中也體悟藝術創作，與作品賞析的複雜多面。藝術中心是被建構起來的一個管道，一個尋找藝術的路徑，成為年輕人在啟蒙時期好的友伴。相信這是大學裡的藝術中心才會注意的面向。

　　「前衛藝術或傳統展演在藝術中心都有存在的空間。前導性的企劃，能夠使藝術與人文融入觀眾的生命經驗中。我相信，學校的藝術中心要有力量洞悉環境中的缺乏。這裡是喚醒知識分子的中心！期待他們將藝術內化。使其胸懷更開闊。」雖然沒有藝術系的學生在此做什麼實驗，不過我們真的有許多開創性的作法，比方說讓「木造社」的朋友以手工蓋了一間藝術工坊，成為非常有意思的小型展示空間。另外還趁著學校一直施工時，舉辦了「清大的工地秀」意思就是讓學生在圍籬上塗鴉。不然清大的學生太乖了，很難得會去噴漆塗鴉，同時也美化了長長的工程圍籬。我們容許實驗性的企畫在學校裡嘗試。

「結合不同領域的藝文空間，善用學校資源，讓藝術領域多面向發展。因為清華大學是極出色的學術機構，所以相信在這樣的環境中，整合不同領域的人才必定較為容易。比方說：數位典藏，或著多媒體的互動裝置，以及其他學科，呈現在藝術領域，使藝術的可能性拓展，都是令人雀躍的事。或結合生命科學的影像藝術，或著包含機械工程的裝置藝術，皆是結合不同領域的資源，擴張藝術的可能性。」因為有了藝術工坊，我們開始許多跨領域的展覽。「一沙一世界」是清大化工博士班416研究室的一位博士生做的奈米銀的展覽，有別於一般科展，讓我在藝術工坊的玻璃上畫圖，劃過的痕跡就成為電路。（因為顏料是奈米銀）所以頂端的LED燈可以藉著末端的小電池通電。腦科學中心則做了一個果蠅大腦為主題的「識之精微」，展場中央一罐奶白色的玻璃瓶，看起來像是白色煉奶，原來那是一罐營養液，觀眾可以看到小小果蠅慢慢長大，果蠅大腦的攝影技術後來還上了科學的期刊，像花朵一樣的彩色攝影，在展場中告訴觀眾，微小的事，可以非常迷人，一點都不簡單。

　　「……說起來在理工科技為主流的清華大學，藝術與人文成為全人教育中緊要的環節。若要我們國家的高科技人才都能夠有另一個層面，讓他們不論是對藝術，音樂，文學或哲學有著尊重甚至喜好。那麼我們的未來將是可以期待的文化國度。我認為：藝文中心是讓已經喜歡藝術的人有地方可去，也能讓來到這裡的人開始喜歡藝術。說的簡白一點，就是佈置一個好的環境，讓人在其中受潛移默化，成為更全備的人才。」除了藝術中心的展覽或活動，有好幾位藝術企劃同仁都在通識中心開課，以課程的方式介紹藝術給同學。清大的學生聰明，但不見得都喜歡自

己的科系選擇，或者是因為更認識自己而希望在專業上有些修正，加上了藝術、設計方面的管道，讓學生的未來，多了許多可能性。每年都有學生考研究所時試圖轉行。我們和學生深談，知道學生真正的動機，評估發展的可能與風險，或是協助他們進行作品集的製作。就算是培養觀眾，也期望培養有看法有參與感的觀眾。

「我相信，即使是大學校園中的藝術中心，也不只是屬於大學學生的。它橫向負起了大學校園對社群貢獻的角色，校園也因為它更能與在地結合，另一個縱深則是藝術中心有深植在地的功能，它的歷史是和社區聯繫在一起。」每一學期藝術中心都會有很多學生來此戶外教學，如果是中小學生來參訪的話，我們會設計和他

北費城的藝術家葉蕾蕾展出「探幽 —— 在荒土廢墟中的無塵世界」。（左頁圖）
雕塑公園由學生集體創作作品，清大十七個系所，總共十八件。（上圖）

們年紀相仿的學習單，讓小朋友在鴿子廣場上用粉筆畫相關的主題。我們和社區的關係越來越深，關於這點，葉蕾蕾小姐的展覽給我很好的啟示，她的展覽「探幽・在荒土廢墟中的無塵世界」是發生在北費城貧民區的故事，她以馬賽克拼貼，教居民美化家園的案例啟發了我。和社群有關係的故事還有另一個展覽「界外藝術」。計畫由一群清大的學生和自閉症的小朋友一起合作舉辦個一個畫展。當時有個美談，一位小朋友非常執著，所做的燈光雕塑，非要使用菲利普燈泡不可。菲利普公司遂贊助這個展覽，之後還連續舉辦了五年。我在2008年和郭原森老師，帶著學生做了集體創作的雕塑公園。

「這裡是休閒的輕鬆所在，提供觀者對觀藝術及人文的環境，讓閱聽人沒有壓力的與藝術對觀。直接面對創作者的心靈，真是一處好地方。心靈的休憩，真是件美事。欣賞是需要培養的修為，如果我們一直提供好環境，讓人親近作品，作品就不會離人群太遙遠，大體上這是藝文空間最基本也是最實在的功能了。」除了藝術中心展覽廳，這些年校園內逐漸增加了藝文場域，「雕塑公園」、「藝術工坊」、「合勤表演廳」讓許多同學與社區民眾參與，清華成了一個複合的休憩場所。星期六、日來校園走走，會看到爸爸媽媽帶著孩子在地上畫圖的樣子。顯然對這個場地的休閒性質予以肯定。

「也許自己身為創作者，我對於展場有特別的情感，我們的舞台，就在於此。大

「藝術工坊」2004探南取悟，赴台南藝術學院藝術營之成果展。

學藝術中心因為不需販售，因此對於作者而言，是更純粹的呈現場域，也是讓藝術還原本像。尤其對於新出爐的藝術家，在一個校園的環境中，作者能夠本能的表現及處理自己的意念。」在此初試啼聲的藝術家不少，2001年李瑾怡回國不久，在這裡舉辦個展，現在她的作品常在台北蘑菇展出。2003年展出的李艾晨，作品現在由誠品畫廊代理。像這樣〈Young and Talent〉（年輕而有潛力）的藝術家數不勝數。當然給學生展覽的機會也不在少數，許多在學校時即展露才華的學生，也在藝術工坊裡鍛鍊自己。因為可在這個環境找到自己的夢想。

## 永不謝幕

　　「藝術中心可以成為蒐藏保存名作的機構，對於學術機構之下的藝文中心，因為公信力及其背景，負擔了教育學子的本質，因此許多的捐贈與保存的工作自然由它們承接。比方說普林斯頓大學蒐藏了許多中國藝術品，也因此它們的中國美術史研究做得非常好。據說紐約大都會博物館許多東方文物的研究員都是由這所學校畢業。此外蒐集被遺忘或忽視的文物也是大學美術館的工作重點之一，例如加拿大溫哥華的英屬

清大由三棟建築百分之一經費所承做的公共藝術〈無聲的對話〉作者是日籍藝術家新宮晉先生。

哥倫比亞大學U.B.C就在校園內設立了一個藝文中心，專門蒐集印第安的文物與圖騰柱，為此這個學校的人類學系非常著名。」現在看當時寫的例子，實在很不好意思，不過還好有公共藝術法：雖然目前我們沒有典藏經費，卻因公共藝術法而有機會收藏新宮晉大型雕塑〈無聲的對話〉，林伯瑞的〈倦鳥歸巢〉等作品。早年承辦公共藝術業務，行政複雜條例規章甚嚴，對於工作人員而言很辛苦，但是看到好作品被學校收藏，感覺就值得了。

「在我的經驗裡，大學藝術中心扮演著重要的角色。許多時候它喚醒了我內在沉澱的記憶，在不同的時間點上，常常有著一處能和我安靜相處的藝文中心。經由許多愛藝術的人，將環境打點完備，使我慢慢長成現在的自己，對我而言好像是飽含養份的空氣，能使活在其中的人成長。」這篇宛如義大利Lasagne（千層麵）的文章，兩種顏色的文字撰寫時間相隔八年，回顧起初的心願和憧憬，證明清大藝術中心果然是培育夢想的搖籃，因為在這裡的許多經歷，成就了我生命裡豐富的滋味。

# 夜貓子電影院

文·圖/ **徐舒亞、劉瑞華、林群**

　　校園裡經常有電影，藝術中心要推廣電影藝術看起來好像不難，可是要維持一個常態性放映電影的場所並不容易。從2006年開始清華校園裡出現了一個可以經常看電影的地方，我們稱它「夜貓子電影院」。

夜貓子電影院（上圖）
校園裡一個發生美好回憶的地方（右頁上圖）
「2007年經典科幻影展」海報（右頁下圖）

## WHAT：夜貓子做什麼？

　　清大的夜貓子電影院從2006年開始有計畫的逐步推展電影藝術，遵循50年代《電影筆記》提倡的「作者論」作為策劃的方法，以導演為主題展現創作者一系列的作品。接著在2007年開始舉辦「科幻影展」，進而嘗試將「類型」(genre)帶進藝術中心的電影活動，給觀眾另一種看電影的方式。

　　「作者導演系列」介紹了無數個知名導演，比較特別的有2006年的西班牙導演阿莫多瓦，有些影片要從國外取得播映權，影展中不論開場說明或字幕播映皆以英文進行，營造特殊的觀影經驗。2007年胡金銓導演回顧展，我們特地從香港借來了《迎春閣之風波》，在大禮堂放映。另外，2007年中旬享譽國際的大師楊德昌和英格瑪柏格曼離世的消息接連傳來，令人感到遺憾與追思；我們為了向大師致敬，在最快時間內安排特別放映，推出導演部分精彩作品與影迷一同感懷紀念。

　　2007年首屆「科幻影展」，選片著眼於影片在電影史上的經典地位之外，也刻意

的結合科幻文學。其間清華大學水木書
局配合推出經典科幻原著展,清大管樂
團在各場放映間演奏電影主題曲,整場
活動涵括電影、文學與音樂。2008年延
續科幻類型電影選片模式,思考科學與
人的關係,以「失控的科技」為題材。
第三屆「科幻影展」,主題是與外星人
有關的「接觸」,反映了人類內心深層
的疑惑,也表現了人類對於生命的省
思。很感謝力晶半導體與力晶文教基金
會連續贊助科幻影展。接下來的規劃有
「機器人」、「未來世界」等內容,讓
科幻電影的火炬在清大持續燃燒。

　　每年春秋兩季的主題影展除了持續
進行的科幻題材,我們也因應時事挑選
其他適當的主題,2008年我們推出了
「戰火浮生影展」,選映十八部描述戰

清大管樂團演奏電影《2001太空漫遊》主題曲（上圖）
「浮沈生靈，於金融海嘯中」海報　2009（右頁圖）

爭對於人性的扭曲與戕害；開幕演講邀請到南方朔先生蒞校談馮內果作品，講題是〈從《第五號屠宰場》看戰爭與反戰〉。針對席捲全球的金融風暴，2009年策劃了「浮沈生靈，於金融海嘯中」，選映了十二部符合主題的電影，呈現電影的另一種意義。還有不能遺忘的「光陰，原來的故事」，2009年夏天裡重溫台灣電影新浪潮留下一部部的寫實印象，自上一代的生活經驗中找到情感延續的脈動。

　　電影系列活動推動之初，如何突破停滯不前的觀眾參與度是我們面臨的挑戰，為了將好電影介紹出來，我們趁寒暑假期間展開「電影試片室」、建置「夜貓子部落格」，邀集熱愛電影的朋友看電影、談電影，並分別就各影片撰寫觀影感想，定期刊登於夜貓子部落格上，透過同儕之間的口碑與推薦，引起更多潛在年輕觀眾的好奇與加入，也開展出屬於電影社群的網路討論空間。

　　電影在這裡可以重現時光顯影，可以把主動思考的權利還給觀眾，可以但憑直覺領會，可以無法預期。任何曾經來到夜貓子電影院，在他生命起伏中因為想起電影中的吉

光片羽，得到了豁然的領悟或微笑，我們為此就有繼續往前的力量。我們希望不只是在清華大學可以細水長流的放映下去，也期待全台灣每所大學裡都有一間夜貓子電影院，重現經典作品，我們相信只要更多人看到好作品，就會擁有擇善固執的眼光。（徐舒亞）

## WHY：為什麼做夜貓子？

記得是在車上，為了陪新宮晉到校園看公共藝術地點的夜景，談起了消失的電影院，談起了這時候還有人苦撐著戲院，用電話答錄機撥報電影放映時刻。很快的，一個念頭變成了行動。剛好有校內咖啡屋的老闆林群（貓哥）這位熱情的伙伴協助，於是從2006年起，貓哥的店成為了夜貓子的電影院。

有了「夜貓子電影院」會發生什麼事？當時沒想那麼多。2007年為了迎接蔡明亮來座談，我在家補看《不散》，裡面一段段發生在戲院的故事，讓我回憶起大學時代看電影的各種心情。多少次從「台映試片室」看完電影已經沒有公車，深夜裡一個人經過西門町走回宿舍，簡直就是一段魔幻寫實。那才感覺，許多年後「夜貓子」這個地方也許真的可以發生清大學生的一些故事。

電影院是一個想像的空間，與在家看影片很不一樣。2009年夏天重新看一次《搭錯車》的時候，我發現看電影其實有很大的成分是自己的想像。我不知道為什麼，長久以來我對這部片子的懷念，是因為記得的劇情裡，李

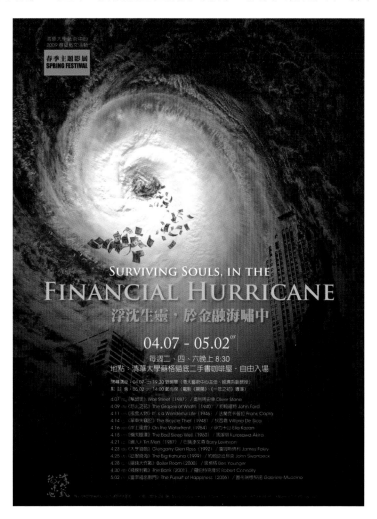

立群飾演的兩代外省人在死亡的場景有著微妙的聯繫，我一直以為操著山東口音的李立群在酒醉淹死之前，看到了水裡的月光，思念著遙遠的故鄉。二十幾年後，看到的片子並沒有月光，我只能說，應該是留在戲院裡了吧。

坎城影展在2005年邀請二十五位導演拍攝各自的電影院，侯孝賢拍了沒有一句對白的《姬夢館》。戲院外面蹲坐著賣各式零食的小販，年輕軍官乘著吉普車，帶著老婆孩子買票進場，還回身在收票口拿了一張「電影本事」（如今這種比16開還小的簡介劇情已經成了網拍的古董）。這段片子讓我看了好幾遍（當然是DVD），最後一次讓我突然明白為什麼想要一座電影院。

那記得的戲院不一樣。我記得的年輕軍官牽著小孩，在戲院門口被攔下，急著用濃重的鄉音辯解那小孩進場不佔位子，從口角到拉扯。最後，也許那小孩進了戲院，受驚嚇的情緒很快的被銀幕上的武打輕功吸引，專注於銀幕上的神奇，一直到電影結束，戲院裡響起鄧麗君的歌聲「人兒不能留」，才緩緩起身。也許那小孩沒能進場，被憤怒的父親牽著離開戲院。走了一段路年輕父親才回過神，在路邊買了一杯綠豆湯或一碗愛玉冰，懷著歉意遞給小孩。那是我記得的電影院，也是為什麼我想要一座電影院，請大家來看電影。（劉瑞華）

## How：怎麼做夜貓子？

藝術中心的舒亞向我這不是藝術中心的貓哥邀稿，剛好可以在這裡繼續邀大家一起來看電影。首先各位一定猜不到夜貓子電影院本身是有主題曲的，那就是超級搖滾樂團U2的〈With or Without You〉。夜貓子影展是2006年10月的某一個涼風夜晚，舒亞、我及幾個學生坐在店門外的鑄鐵涼椅上聊出來的，這一聊也燎出清華園裡沒有電影戲劇音樂攝影廣電傳播等等系所學院，卻廣泛而持續發燒的觀影熱情。首先多虧圖書館的公播版館藏片，解決了校園播映電影讓學生免費觀賞的版權問題，再來就是選片的核心推手劉瑞華主任，沒有這種達人級的電影精，我和舒亞不可能勝任這項艱鉅的任務。熱情參與的工作人員多方協助和投入宣傳事務：建置部落格、撰寫影評、張貼海報文宣，以及協辦季節性的影評活動，才有辦法成就這樣一個校園電影院。影展主題歌〈With or Without You〉是鼓舞與安慰人心的，週二、六的晚上8：30，不論寒流、颱風下雨或者只有播映者自己一個人在看，電影都會放映。

清大夜貓子電影院2006年11月開播侯孝賢導演的八部作品，至今播映片數累積達三百多部。某個層面上多少彌補了清華大學以理工為主的宿命體質，校園裡「日常」進行的藝文活動多添了一個品項。之所以強調日常，牽涉到每個人對於藝術與文化的定義與看法，夜貓子電影院希望是清華的學生每天都可能去逛逛水木書苑、小吃部、清華美食那樣，是種自然自在的日常活動。

2007年蔡明亮帶著《黑眼圈》來清大，小康從旁攝影。（上圖）
在這裡可以輕鬆而認真的看電影（下圖）

電影在我的店裡播映，因此由我本人負責播映事宜與場地管理，其實是夜貓子電影活動裡最輕鬆的工作人員。播映是五分鐘不到的舉手之勞，之後我可能會看到睡著甚至打呼聲太大還被學生聽到，睡到電影結束再把電燈打開讓人可以順適離開即可。這是一個理想的運作模式，由於簡單而能頻繁而經久。第一年每次觀影人數平均只有三人，我也在這裡要向另外那兩個人次致上一份謝意，沒有那兩個人次的支持，夜貓子不會走到今天平均三十五人次的觀影量。

夜貓子電影院以導演為播映主軸，兼及特定類型電影如紀錄片、科幻、戰爭及日後可能選取的法律類型，這部分皆有賴本身是電影達人的劉主任進行「萬中選一」的篩選，讓夜貓子電影能夠兼顧內容與電影藝術，讓電影所欲傳達的內容「有意思」而影片本身具有相當的動畫影像（motion-picture）的藝術價值。影片是精挑細選的，看電影卻可以是學生和社區居民日常生活裡隨興所至甚至不起眼的活動，它就在校園一個角落，走路就可能經過的地方，隨意進來瞧瞧，好看就坐下來，若是不覺得有趣好看，生命裡本來就有許許多多其他有趣的事物可以從事和探索、欣賞和接觸，不一定要看電影。不過，電影之為所謂的第八藝術，僅僅一百年的歷史，也累積了相當的美學與思想文明，因此夜貓子電影院也可能擴展眼界、開拓格局，以及培養賞析藝術的素養。隨興之中有意思，有意思中隨興，大學之大，不就是大在這裡嘛？

夜貓子電影院所播影片皆來自圖書館之公播館藏片，在圖書館的視聽資源之外，另闢一個休閒空間舉辦電影欣賞活動，或許難免惹人感到疊床架屋多此一舉，然而在百齡堂蘇格貓底咖啡屋播映電影，咖啡館播映電影的風情景致，是整個清華大學及社區居民都可以免費享受到的資源空間，實質上多少能增加館藏影片的使用效益與物件價值。加以夜貓子播映的主軸模式提供給學生電影欣賞的某種進路與方法，不論是入門性的引導或者深入的主題研究，從播映的取徑方法去延展館藏影片的價值，使得同樣的資源受到更為廣泛、多元而豐富的受用。觀看電影一如閱讀文本或者日常引人觸思的事件，或許能夠是觀念、性情、思維、格調、素養藉以植長的養料，即使那由於自由自在而不起眼、不經心，也可能需要好幾十年的醞釀，並且由於代遠年煙而忘卻了脈絡因緣……

最後我要藉這個機會說，夜貓子電影院不是藝術中心和蘇格貓底咖啡屋辦的，而是所有熱愛電影的學生和居民一起辦的！讓我們大家一起來清華大學夜貓子電影院，看——電——影！（林群）

即使觀眾只有一隻小貓也要放映（左頁圖）

# 美感經驗的獲得

文·圖/ **鄭壑恕**

　　記得當年就讀建華國中時，有一天，母親載著我及她美術班上的另外兩位國中學生，到清華大學大禮堂觀賞一場音樂會，是一位國外來的女聲樂家，加上鋼琴伴奏的演出。女聲樂家叫甚麼名字，演唱哪些曲目，都已不復記憶，只記得優美、純淨、飽滿的聲音，唱著北宋詩人李之儀的《卜算子》那一段：

湖畔適合搬演莎劇《仲夏夜之夢》林境仙界的情景（左圖）
合勤演藝廳與遠距教室可演出《羅密歐與茱麗葉》樓台會的場景（右圖）

> 我住長江頭
> 君住長江尾
> 日日思君不見君
> 共飲長江水
>
> 此水幾時休
> 此恨何時已
> 只願君心似我心
> 定不負相思意

　　聚精的，體會演唱者唱出女子對情人的思念、愛情的堅貞，加以鋼琴伴奏，以江水般流動來襯托出悠揚、激情的歌唱，彷彿長江水深深的愛、綿綿的恨，奔流不息。

　　強烈的，表達原創者描繪的思念之情的真切與執著。

　　短暫的，忘卻了升學的壓力。

　　剎那間，舞台上演出者與舞台下的觀眾凝聚一氣，沉浸於歌曲的意境之中，直至演出末了，觀眾席爆出熱烈的掌聲，以及一波波高喊「Encore」的聲浪。

這是除了小學、中學既定的音樂、美術、舞蹈課程之外，更別於母親帶我們到新竹市民眾活動中心，觀看迪士尼、李棠華、急智歌王張帝等歡樂的表演活動，

第一次，我接觸了專業的表演藝術。

第一次，我學到了觀看禮儀，要求加演，可以高喊「Encore」。

第一次，我明白了自己對藝術的熱情，感動那藝術於人的力量。

這是一次美感經驗的獲得與學習。

　　之後，陸續來清大觀賞表演與展覽，無數次美感經驗的獲得，是我在2008年進入清華大學藝術中心擔任藝術企畫之前，與清華大學唯一的交集點。

## 豐盈美感經驗的心情獨白

　　2008年，我進入清華大學藝術中心，剛好遇上這本書的籌劃，主任希望我以新進人員的角度，談談對清大藝術中心的期待，我期望與大家分享更多美好的藝術經驗。

　　先從1994至2003年就讀戲劇系（國立台灣藝術學院）與藝研所（文化大學）期間，在戲劇的文本與知識的養成，劇場的實務與操作的學習，以及幾次印象深刻的觀賞表演經驗，所觸發的一些感動談起。

　　1994年就讀戲劇系時，第一個研讀的劇本《推銷員之死》，述說資本主義社會快速變遷下，推銷員的工作、家庭及人生的變異關係，推銷員似為一份不受感謝的工作，然而資本社會卻因而獲得高水準的生活，甚至造就強大的經濟力量，劇終卻以非常諷刺的結論作為結尾：推銷員死了比活著的時候價值還多。透過細微的心理描寫，呈現平凡人的苦楚，儘管創作時間已逾半世紀，卻始終於必讀的書單之列，許多百老匯的演員以演出該劇為生涯挑戰，劇中的名言「沒有不好的商品，只有不稱職的推銷員。」不僅適用於行銷學，也同時是我進入戲劇系學到的第一鐵律：一個好的作品，不僅能成為創作學習的最佳範例，更經時間的品評。

　　研究所的論文著重於表演形式的改造與革新的探討，「太陽馬戲團」即為新表演類型的成功典範，舊的表演形式，卻因無限的創意，加成出高妙的藝術價值。2001年觀看俄羅斯小丑斯拉法的《下雪了》，就是這樣流竄著純真與無比驚喜的觀戲經驗。源自希臘喜劇，粗鄙的台詞、滑稽的動作、誇張的手勢，以及對男性生殖器的頌揚，至義大利即興藝術喜劇四個丑角，之後柯勞（clown）此丑角的成功，演變成今日馬戲的二大類小丑：萬能的特技小丑及說話小丑，再由表演形式風格分成Whiteface、August，Character。《下雪了》以最單純的小丑元素，巧妙結合燈光、音樂、美學、特技和道具，加上天馬行空的創意，創造出特殊的視覺場景效果，簡單卻又深入人心，愚、哀、喜、驚，惹人憐憫，又隱隱滲出歡樂，彷彿走進成人的童話世界。小丑教給我的高妙價值就是「藝術幫助人們擺脫擾嚷，帶來歡笑」這樣一個純粹的想法。

1995年美國劇場大師理查・謝喜納（Richard Schechner）與「當代傳奇劇場」在大安森林公園演出希臘悲劇《奧瑞斯提亞》三部曲，先是大型室外表演區的空間設計與運用，再者戲劇空間的流動性與演出的順暢性，最後龐雜三部曲的處理，使傳統京戲、現代寫實風格、電視表演秀及現代舞蹈等多樣風格迥異的表演同時呈現。第一次看到如此龐大的希臘悲劇被實際搬演，這個製作完成許多可能性的勇敢嘗試，激勵了身為戲劇初學者的我。初進清華，跳出環境劇場的靈感，清華大草坪應該也能搬演這類大型的演出；成功湖畔則能呈現莎劇《仲夏夜之夢》林境仙界的情景；合勤演藝廳外的平台廣場與遠距教室則可演出《羅密歐與茱麗葉》打鬥場與樓台會的動線與場面。

　　2000年安徽省黃梅戲劇院抵台演出《紅樓夢》，大陸國家一級演員馬蘭飾賈寶玉，情節的改編與鋪陳加上簡練與適切的表演，使賈寶玉聞訊的表演，從天真，到胡鬧、到悟了……霎時間完成了戲劇行動事件，凝聚豐沛的感情力量，這是我第一次見識到精準具層次的表演，可以如此合理、順暢又傳神，這是一次好看又好聽的觀戲經驗。馬蘭認為「……只有美好的觀賞經驗，觀眾才會自發的走進劇場，不再有被上課說教的疑慮，看戲也許才有機會真正成為大眾文化中的賞心樂事。」（《表演藝術》第87期，頁10）表演者從觀者的角度思考，這段話使我深自惕勵，企劃者需製造美好的觀賞經驗。

　　2001年楊呈偉帶領「第二代劇團」來台演出《鋪軌》，講述華工鋪設鐵路連貫美國之後，亞洲移民的內在衝突與民族認同的故事。透過自己的眼光，說自己的故事，這些第二代移民正藉著藝術創作積極的建立身分認同感。這齣戲激勵觀眾勇敢鋪設心中的未來，朝著夢想的軌跡逐步實現自我，這是第一次觀賞百老匯音樂劇，也是一次熱血的觀戲經驗。《鋪軌》來台演出時，由演職人員開設劇場研習營，為音樂劇的表演學習提供了訓練的管道，使我認為在清大企劃活動時，應該加入專題的workshop訓練，觀賞之餘亦能直接參與其中，觸發對於藝術的熱情。

　　2005年浙江小百花越劇團由茅威濤領軍來台演出《陸游與唐琬》，同樣面對新與舊的考驗，依然取材自民間文學，卻從劇本改編，表、導演詮釋，以及至舞台美術設計，從而形成別具一格的藝術觀感。經久不息的謝幕掌聲，第一次明白演員的力道透過指尖拂至衣袍，茅威濤連背影戲都做足。難怪國際媒體盛讚「越劇擁有柳枝般的美麗」，這一次的觀戲經驗，成為傳統與創新確可成功交融的實際驗證。關鍵就在細膩，認真著意環節的混融，再巧妙的截取調度成就此作。畢業後的第一份工作是在形而上畫廊，期間訓練嚴謹的工作態度，使我體認活動執行的成效是可從細節中營造的。

## 對文化尊重　藝文自然成為生活

　　2003至2007年先後任職於形而上畫廊、台北愛樂室內及管弦樂團，以及黑門山上的劇團，實際的投入文化藝術工作，身處艱困的表演藝術團隊，幾次難得的國際巡演經

workshop專題訓練課程中，同學學習開發肢體與聲音的表演潛能。 （上二圖）

驗，當然使我有更深層的體悟與省思。

　　2005年隨台北愛樂室內及管弦樂團歐洲巡演，最令人難忘的就是歐洲人對於文化的尊重與藝術的愛好。樂團先參加法國奧維爾音樂節（Festival d'Auvers-sur-Oise），奧維爾是印象派繪畫最著名的城鎮之一，尤以在此度過最後歲月的梵谷最為著名，全鎮都有音樂節的慶典活動。而後在巴黎聖・荷許教堂（Saint Roch Church）演出另一場，樂團沒有太多的經費著力於宣傳，只有在教堂門外張貼簡單的節目藝訊，下午排練時就有民眾經過聽到樂音而來詢問，晚間的演出是爆滿的。之後，弦樂五重奏至斯洛維尼亞參與夏季文化節（Summer Culture Festival），在布拉提斯拉瓦（Bratislava）和皮埃斯坦尼（Piestany）兩城市演出台灣福佬歌謠、客家民謠、原住民音樂等曲調動人的國人樂曲，讓觀眾感受台灣純良樸質的民族性格與台灣文化之美，就在聆賞〈望春風〉、〈十八姑娘〉時，多位斯國觀眾感動泛淚。

　　「給愛人看的臉是希望它光潔而無瑕的，可是愛我們的人看我們的臉是連傷疤都會疼惜的」因為對一句台詞的感動，求學時期就加入黑門山上的劇團，樂團的工作告一段落後，我選擇回到劇場工作，期間2006年劇團受邀參與由亞洲劇場中心（Centre for Asian Theatre）所主辦的「2006年國際易卜生學術研討會暨劇場藝術節」，前往南亞文化古國孟加拉，於國家戲劇院（National Theatre）演出《人民公敵》一劇。此行觀摩不同的亞洲國情，同來詮釋現代戲劇之父易卜生的寫實主義，是為一難得的經驗。很多表演團體都努力於國際舞台展演各自的文化，幾次國際藝術節交流經驗，使我體悟藝術創作取自對生命的深刻感受，即使來自不同的文化，都能因對生命的真實情感，形成共通的語彙而彼此觸動。藝文企劃者應該培養銳利的藝術鑑賞眼光，也應勇於推薦真誠而美好的作品。

　　2009年遊訪德、奧多個城市，對於「藝術就是生活」有更深切的感受。2009年適逢海頓逝世二百年被稱為「海頓年」，各地舉辦海頓作品音樂會，其作品把嚴謹的音樂

「台原偶戲團」國寶大師陳錫煌操偶動作細膩（左圖）
賴聲川老師分享「表演工作坊」從無到有的創意挑戰過程（右圖）

邏輯與奧地利迷人的自然風光、樸實的風俗民情、高雅的貴族傳統貫通於一體，置身在奧地利，更能體悟海頓的名言「全世界都懂得我的語言」；另外，週日合唱與管弦樂的彌撒曲不是在音樂廳搬演，而在與民眾生活息息相關的在教堂裡（聖・史蒂芬大教堂）洗滌人心；另一側維也納市政廳前廣場進行的大型Film Festival，每晚以影片播放方式欣賞音樂會、歌劇、舞蹈等表演節目，是一整季的戶外藝術饗宴。**生活處處有藝文，藝文就是生活，就如同呼吸飲食一樣自然而必然。**

### 和優異的劇場工作者一同織造美感經驗

進到清華大學藝術中心之後，負責劇場藝術企劃與執行，並管理合勤演藝廳。在中心的支持與信任下，2008至2009年接續推展以「創意」、「聲音」、「肢體」為主題的企劃，從「Workshop」、「示範演出」，以及「劇場專題講座」三個方向，與表演團體及劇場工作者在舞蹈教室或合勤演藝廳，共同完成每一個專題的活動，提供深入、多元的藝術參與機會，分享藝術工作的經驗。

在「玩創意」單元中，賴聲川老師帶領其「表演工作坊」，分享從「生活」與「藝術」兩個場域，進行「智慧」與「方法」的學習，自生活中汲取創意養分，經過精練的過程，提煉創意的精髓，從金字塔端吐出創意的作品。「台元偶戲團」這個堅持原創作品而賦予台灣偶戲新生命的劇團，製作《馬可波羅》一劇，藉由國寶級大師陳錫煌細膩巧妙的偶戲，加以義大利歌劇與南管雅韻，帶領觀眾隨想像馳騁一場跨文化的愛情冒險。《公園》則是改編自西班牙劇本，由「全民最大黨」、「全民大悶鍋」編導謝念祖與「黑門山上的劇團」聯合製作演出，全劇充滿著荒謬、爆笑、驚奇，以及一種非邏輯性的創意。在「聲之動」單元中，邀請在公視《孽子》劇中表現優異的演員金勤擔任workshop講師，細膩的教學方式，分享聲音表演的知能和表情達意的經驗。《誰在一

疊》唐從聖和陳彥壯先演繹語言的誤謬，再從電影配音與電視模仿表演經驗，分享聲音表情層次及模仿的聲音技巧。《獨白之夜》邀集朱宏章、徐堰鈴、韋以丞、富晨軒，呈現六個不同的情境的獨白片段，時而為表達、時而為情境、時而為陳述、時而為情緒、時而為性格等舞台上的聲音。在「身之動」單元中，驫舞劇場workshop內容從最初級的身體認識與肢體探索，開發肢體律動的可能與潛力，從內而外、從個人到多人，循序漸進拓展肢體的廣度。其次再示範演出舞作〈速度〉，透過肢體動作展現遊戲、時間、距離所牽引出的速度對生活的影響。《身動之夜》邀請劇場優異表演者魏雋展等人，呈現偏重肢體的表演片段，示範或靈動、或線條、或力量、或轉換等技巧，運用肢體動作完成戲劇行動事件。每一次的合作，都期望幫助人們擺脫擾嚷，帶來歡笑，製造一夜美好的觀賞經驗，使觀眾在另一夜自發的再走進劇場，滿載美好而又深刻的美感經驗。

國中的一場音樂會，因緣際會使我感悟愛好藝術的自覺，進入劇場表演的學習領域，豐富我的人生視野，進入清大藝術中心任藝術企劃後，我期望能更勇敢的推薦真誠而美好的作品與觀眾分享美好的藝術經驗。除了舞蹈教室、合勤演藝廳，我期望還能利用清華天然的校園環境，隨處搬演另一次的創意，使清華處處有藝文。我期望台灣動人的文化藝術，能更多的被推廣，我也期望有那麼一日，藝中的活動不需宣傳也可爆滿，藝術成為生活習慣，美感經驗隨處皆可獲得。

「聲之動」專題《誰在一疊》演出（左上圖）
「身之動」專題《身動之夜》演出（右上圖）
「驫舞劇場」在合勤演藝廳演出舞蹈劇場作品〈速度〉（下圖）

# 參與藝中的藝術家

## 羽　化

懷抱理想望向未來，締造多元璀璨的藝術扉頁！

● 蘇旺伸個展作品〈摩天輪哪！〉（局部）
蘇旺伸曾於1997年於清大藝中展出「偷
看蘇旺伸」個展及2008年「牽廿」聯展

# 董陽孜的書法
# 在飛揚的空間中

文/ 賴小秋
圖/ 姜樂靜、楊偉林、台北當代藝術館、帝門藝術教育基金會、蔚龍藝術

## 悠悠一甲子的摯愛：書法

　　書法家董陽孜女士說：「最沒用的東西常常被我們忽略！」她甘為墨奴，對書法的熱愛與日俱增未曾稍減，酣醉於永無止境的書法藝境與意境之中。時序由幼年、少年、青年推演至中年、壯年而至今日，恍如須臾之間，卻已倏忽地涵蓋一甲子的悠悠歲月。

　　董陽孜創作的淵源可追溯至始於年幼時研習顏真卿〈麻姑仙壇記〉、文徵明小楷、星祿小楷；因此她的書法具備顏魯公的渾厚剛毅，字如其人這也塑造董陽孜本人剛正不阿、不卑不亢的真性情，堅毅及廣泛習字的結果，雄渾大字與俊秀的小楷均能躍然紙上。初中時曾學畫於張穀年，師大藝術系求學時廣泛地試煉當代藝術媒材；但仍不忘情於自幼熟悉的書畫藝術，並請益於傅申先生，開始嘗試練習與顏體淵源頗深的蘇軾與黃庭堅字體，試圖由嚴謹的顏體架構中延展出開放性的藝術思惟。同時也研寫頗具深趣的〈石門頌〉、方正渾厚的〈張遷碑〉，隸書的研習則是旁聽文化大學丁先念老師的課

董陽孜
台北當代藝術
館無中生有展
〈有所不為〉

董陽孜　台北當代藝術館　無中生有展　〈無間、無漏、無我、無礙〉（上四圖）

程。這些不斷自我學習的過程奠定了她深厚的書法基底。爾後於美國鑽研油畫、陶藝，或於自我的創作上，不管媒材如何變更，豐厚的基底會自然地泉湧，與當下的創作結合，總能新意別出，質樸至真。

## 胸無全紙・目無全字

　　董陽孜珍視的八個字「胸無全紙，目無全字」，是臺靜農老師慎重寫在紙片上交給她，並告之此為清道人（清末著名書法家李瑞清）傳授給張大千的寫字祕訣。她日後時時以此檢驗自我創作的精神是否能符合意境。

　　董陽孜雖有厚實的書法基底，但卻不以此自滿或因循既有書家的制式規矩行事，她極力思索如何建立自我的創作風格，突破書法在歷來中的陳舊印象。首先捨棄匾額、對聯、屏風形式上的桎梏，以方正紙幅或長幅來構圖與書寫，簡單質樸的展現方式統一了視覺語言，書法形式上切入現代藝術的精神表徵，自此之後再揮灑入空間、文創、數位藝術等也逐一拈來，貼切合體。

　　她質疑多數書家長篇累牘的文章內容與文字形式的效用與意義何在？文字成行並列的格局是否僵化？董陽孜的疑點是設若文章內容仍是古代文人的整體精神，如何才能有書家的獨特的詮釋風格。因而她主動自中國古籍經書中尋找自己心有所感的字詞，由深刻的感受出發，意象上的全盤思考與脈絡疏整，有助於意境與風格的確立。提筆之前的準備工作更是繁複，她聚精會神地構思，並勾勒草圖，這些草圖錯落置於書架等可見之

國立台灣美術館　對話展覽　美術街風貌　2009（左圖）
國立台灣美術館　對話展覽　九萬里風鵬正舉　2009（右頁圖）

處隨時可反覆推敲醞釀，等尋得合適字詞，便水到渠成，在章法結構、佈局、字形、筆
墨上合成一體，氣韻生動。她總戮力以赴，揮灑不重複、有創意的新結構、新意象、新
意涵。


## 水和墨・紙和筆・白與黑

　　常人觀董陽孜書法的感想是書畫同源，董玄宰曾言善書者必善畫，善畫者必善書，
書畫實為一事。臺靜農先生的論述也曾以書畫合流的新境界為題探討其書畫融合新貌。
但仔細觀看董陽孜的創作歷史，雖有水墨上的層次變化，但她全然執著專注在書法藝術
之中，運用單一墨色踽踽獨行，水墨的運用可由漲墨、淡墨交錯運用中體現墨韻的變化
與視覺結構上的美感，化弊病為良方。這對書家而言是極大的挑戰，因為作畫時可慢條
斯理，分層進行渲染、擦塗、按捺等等步驟。書家注重一氣呵成，董陽孜所創作的巨幅
作品要注意整體呼應的佈局與呼應，要謹慎、迅速、確實的掌控全局，難度顯而易見，
書家全身肢體的脈動與運作，專心致志地進行，深能反映書法的豪氣篤實，疾澀質樸氣
慨沛然莫之能禦。

董陽孜作品早已超越書法傳統框架，「胸無全紙，目無全字」前瞻性使其跳脫行列格局、點與線的平面效果。統合全方位的視覺觀感，無上無下、無前無後。

她說：「我寫所有的字，多半都是站著寫的，幾乎是站在紙頭上提筆寫的。」留白的部分是董陽孜書法的精髓部分，意念深遠，與曠遠的心靈空間契合。

## 己丑牛年三大美術館墨色酣暢

董陽孜證明她所說的：「書法離開宣紙後還有很多可能性」。首先她去除書法千年來沈重的歷史包袱，書法存在於各個空間，除了彰顯立體書法的建築本體，也〈字在自在〉地追尋書法的純粹與極限。去年董陽孜接連在北、中、高三地現代化的都會型美術館舉行大型書法跨領域的精湛展覽，2009年2至4月於國立台灣美術館舉辦「對話：董陽孜書法作品展」。

由姜樂靜建築師規劃空間主軸將9米高巨幅作品〈九萬里風鵬正舉〉，掛在挑高的

大廳中氣勢磅礡，深邃的美術街中蜿蜒著《三國演義》的開卷詩明朝楊慎〈臨江仙〉——滾滾長江東逝水，浪花淘盡英雄淚……。蔣顯斌規劃360度圓形環場的數位藝術呈現，揭示書法的新形式。蒼毅遒勁的字漫天無際地由四面八方雜沓直逼近身，古今多少事，就如滾滾長江都奔赴這澎湃遒勁的字海，當下彷彿全身浸潤於墨色之中，酣暢淋漓。

6至8月策劃台港兩地八位建築師，於台北當代藝術館展出「無中生有：書法——符號——空間董陽孜書法與藝術創作聯展」展覽。董陽孜運用各種書體創作「九無一有」共十幅字帖，以各種形式在當代館呈現，建築師則將書法的精神及符號元素融入當代設計和建築空間中；歷代書家對〈無〉字已多所詮釋，而當代館中的〈無〉字竟有十七種變化：八位建築師各自闡釋的〈無〉字與董陽孜的九〈無〉。展場中陳瑞憲建築師設計的墨池氣勢凜冽靜穆，入內即能定、靜、安、慮、得，坐下而為眾生抄寫一段金剛經吧！

此外，高雄市立美術館為世運特別規劃的「墨韻無邊——董陽孜書法‧文創作品

高雄車站R11 港都懷舊 捷運新遊 〈知其白 守其黑〉（左頁圖）
高雄捷運紅北車站 R20 後勁站 〈海納百川〉（上圖）

展」也接續於7至11月開展。詩人余光中出席開幕致詞盛讚她的字有如世運會充滿動的
力學，又高又雄。董陽孜的書法在此展與當代藝術家的設計作品與文創作品有巧妙的對
話，激發對未來文創產業的思緒，不同的藝術形式接能與書法有共鳴之處。

## 矢志堅持弘揚書法教育

　　書法蘊含中華文化一脈相承的核心價值，許多華人孩提時期的深邃印象便是正襟危
坐研磨墨汁，專心致志地寫毛筆字；直線的謹慎、謙虛與剛正，曲線的婉約、包容與流
轉，波磔的水平延展乃至八面出鋒、飛揚走勢，行書草書的點捺頓挫，皆能形塑我們畢
生的處事規矩與哲理。由於科技與電腦興起，大家書寫慣性已由傳統的書法轉變為電腦
打字，現實環境中傳遞訊息的方式徹底改變。

　　不言可喻，書法式微已成定局，目前充其量只是一門國小學生可有可無的才藝課
程，有的學生甚至到高中還不知如何握筆。種種顛覆書法傳統價值的光怪陸離現象看在
書法家董陽孜的眼裡，真是痛心疾首，她急切地試圖喚醒這群迷途的中華羔羊們。

　　因此她不間斷地策劃個人書法展覽，並跨界與建築、音樂、舞蹈、戲劇、文學、設
計、數位藝術、視覺藝術等領域激盪出互動與對話的火花，試圖以棉薄之力串聯各界力

量，再度讓書法成為飛揚空間中的焦點，燃起大家書寫的動力！曾於公視文人政事節目主持人蔡詩萍專訪中，董陽孜堅稱：「書法藝術就是當代藝術」，她解釋惟有進入當代藝術之林，提高書法的能見度，才能將其推向國際的藝術舞台，讓時下年輕人認識並認同書法藝術。

## 書法藝術是屬於台灣

董陽孜於國立台灣美術館舉辦「對話：董陽孜書法作品展」開幕時曾真切地敘說：「我曾經提過，書法藝術長期以來的確面臨式微，我實在很痛心。我只是一個單純做創作的人。所以我以行動的表現，來告訴大家，再一次：書法藝術是我們的！我們如何來面對書法藝術在我們這個時代慢慢消失，很多年輕小孩對書法藝術是漠視的，他們朗朗上口的可能是英文。我也看到我們的中文面臨越來越式微，沒有好的中文，不可能有書法藝術。」

她接續前言：「所以石守謙教授，在〈對話〉這篇文章提出：我用的詩詞是我們歷代的詞家，因為也讓我從歷代詞家，好的字句裡頭，來淬礪自己、鼓勵自己、來反省自己。我希望我這樣的表現受到大家共鳴，我更希望後起之秀、我的年輕朋友們再接再厲，因為書法藝術的確是屬於我們這塊寶島的！……因為只有我們這塊寶島還在寫正體字，那麼由這個方向來走，我想我們可以勇敢的站出來，書法藝術不是日本人的，也不是韓國人的，是屬於我們台灣的！」

高雄市立美術館　董陽孜展場一瞥　2009（左頁圖）
董陽孜　悠然見南山　120x200cm　水墨、墨紙本　台北101辦公大樓南山財富管理中心（上圖）

## 全世界都看到書法之美

　　董陽孜讓書法重返生活之中作了許多事情，她甚至因此為許多機構提字，諸如高雄捷運紅、藍、橘線的公共藝術以及金石堂書店、雲門舞集等不勝枚舉，讓我們的空間中都看得到書法，讓書法走入日常生活。編舞家林懷民曾說董陽孜的書法是最美麗的舞蹈，那飛揚於空間的筆勢墨色讓全世界都看到書法之美。

**董陽孜**

國立師範大學美術系畢業，美國麻州大學藝術碩士。曾於美國、加拿大、英國、韓國、德國等國各大城市重要國際展覽中展出。於1993年接受清大藝術中心邀請展出個展，此展相濡以「墨」強調書法的空間感與藝術性的流動氛圍，或許可說是日後所有空間整體性展覽特質的源頭。清大藝術中心沿用至今的logo標準字便是當年展出時由董陽孜所書寫。2009暑期籌劃本書之時，藝術中心劉瑞華主任與專輯執編賴小秋，特於颱風天8月9日在近敦化南路信義路口星巴克敦富門市採訪書法家董陽孜約一小時，她就書法藝術與教育侃侃而談，而她個人除創作不輟之外，更體現書法艱鉅感人的承傳使命。
（執編撰文）

# 平淡中見浪漫

文·圖/ **周渝**

## 平淡美學「茶術與癡」

在20世紀的最後十年裡，我在清大藝術中心做了兩次展覽。第一次是1994年，由徐小虎教授策畫的「茶器收藏展」。本來她只邀請我一個人，我建議多邀幾個人，展覽可以做得更完整一點。她可能覺得我們這些收藏茶器的人，都有對某種東西一見鍾情的傾向，癡迷成性，所以將展題訂為「茶術與癡」。大概她覺得茶是一種小道吧？可是小道也有很精緻的地方，所以她把這叫做「茶術與癡」，而這些人能夠把這些小道小術

搞得這麼精緻，也算是癡迷的人罷。當時這個題目定得並不是很合我心，因為我沒有把茶看得那麼小。中國茶文化的傳統裡面，其實包含著中國的養生哲學、修養哲學和中國的文人美學，承載了豐富的內涵，絕對不是小東西。況且唐朝陸羽寫了一部茶經，既然可以稱「經」，表示中國人不把茶看作這麼簡單。

有關中國茶文化最早的記載起自西漢，到唐朝陸羽做了一個相當完整精彩的歸結。可是漢唐之間，有一個對中國藝術史非常重要的時期就是魏晉，尤其是東晉。東晉的美學凸顯了平淡與有無的辯證。從平淡中見悠遠，見到宇宙的根源，也包含無形但

紫藤廬一景（左右頁圖）

「浮生邈邈——鄭在東個展」開幕日留影。自左至右為周渝、于彭、鄭在東、陳來興、陳傳興。（上圖）
陳來興畫作〈可愛的小哥倆〉 1981 25F 周渝收藏（右頁圖）

源源不絕的生命力。從平淡虛無中體現了虛靈不昧，從其中顯示出宇宙的「正靈」，我覺得這對中國藝術後來的影響非常巨大。

為這個展覽我寫了一篇文章〈從茶之事談起〉，開宗明義就談到魏晉的美學。寫到晉人讓我們領略到「君子之交淡如水」；在這「淡」中，卻又使我們隱隱感受到大自然的遼闊與人生的自由、尊嚴與寓涵的深情。所以當時我提供參展的一些個人收藏是以越窯青瓷為主。越窯也是唐朝陸羽最喜愛的一種茶器，代表了中國傳統的平淡美學。

西方的傳統認為「語言文字是真實的簡化，藝術是真實的強化」，所以藝術要充分的表現，要非常的強化出來，才能給人看到真相，變成一種強烈的撞擊，那是完全不一樣的方向。大約在十多年前，一個法國哲學家寫了一本書叫做《平淡美學》，可見西方也慢慢地懂得東方美學中這種完全不同的特質，也能逐漸受到平淡美學的感動。

我個人收藏中國器物過程中與生活中一直受到這種平淡美學影響，這種美學也影響了整個紫藤廬。從我的老家改成茶館的過程，我一直就只喜歡那一種半隱半顯、曲折幽深的美學。不論是器物或是空間都是很含蓄的呈現，看的人得用心才看得到，不用心也就忽略過去，每樣東西都不會強迫你去看它，可是你真的把自己的心寬緩下來，那個美才會跟你接觸。觀賞者必須把自己放到平淡，放到空無裡去，才能欣賞到這種含蓄的美學。這個展覽我想呈現的正是這樣的美學。

## 「質真若渝」呈現收藏家的真心

1998年，當時清大藝術中心的負責洽展是洪麗珠女士及藝中策展同仁，我認為洪

女士對繪畫藝術相當有研究，美學造詣相當深厚，她當時決定展我所收藏的畫作。我個人在收藏界算不上什麼收藏家，因為我不是一個很有財力的人，也不像現在很多大企業家動輒就收藏了不得了的東西。我只是在經營紫藤廬的過程裡，支持一些還沒成名的藝術家辦展，一路收藏下來，總共收藏的畫作不過一百多件而已，包括洪通、邱亞才、鄭在東、陳來興、于彭、郭娟秋、李美慧、許雨仁等百來件作品，嚴格說來，算不了豐富的收藏。

　　為什麼我的收藏包括那麼多風格迥異的作品？有呈現台灣社會轉型階段高度焦慮的陳來興；有代表外省二代在都市裡長大，在虛無感甚至絕望感中掙扎的鄭在東；又有邱亞才——好像跟現代無關，讀了許多杜思妥也夫斯基、莎士比亞，緊抓著生命的挫折感，專門去畫挫折痛苦怪異的人；還有追求大自然之美的李美慧；充滿象徵性、充滿大自然律動神祕啟示的郭娟秋；再加上洪通，一個跨於陰陽兩界，非常帶有宇宙神祕、有鬼有神的原創作品。

　　這麼多不同風格的藝術家，要怎麼去詮釋這樣一個收藏者？洪麗珠她就想到老子裡的「質真若渝」：「上士聞道，勤而行之；中士聞道，若存若亡；下士聞道，大笑之。不笑不足以為道。故《建言》有之：明道若昧，進道若退，夷道若纇。上德若谷；大白若辱；廣德若不足；建德若偷；質真若渝。大方無隅；大器晚成；大音希聲；大象無形；道隱無名。夫唯道，善貸且善成。」「渝」在中國字裡有個意思是「變」，我們說始終不渝就是始終不變。我這些收藏好像個個都不一樣，好像個個都是變，可是她覺得我收這些東西都是一種真心，而且找到其中的意義，所以她當時把這個收藏展的名稱叫做「質真若渝」，用這個名字是很妙的。

　　洪女士及藝中策展同仁在安排這個展裡還有一個很有趣的事情，除了展我收藏這些

畫家的作品以外，同時也有一個很周到的設想。他們在清大藝術中心弄了一角，鋪了榻榻米擺了茶桌擺了茶席，牆上掛了李美慧的一張畫，好像那一角就是紫藤廬搬過來的樣兒，我覺得這是我很感動的一點，因為他們抓到我跟這些收藏的關係。

## 感性的墮落是文化危機

我想為我這兩個展覽再做一點詮釋：在展覽中「紫藤廬的一角」或者我的茶器物的展現，都是中國傳統農業社會高度天人哲學的一種呈顯，這個天人哲學裡面很精彩的地方就是萬物的概念。

老子提到「聖人處無為之事，行不言之教，萬物作焉而不辭，生而不有，為而不恃，功成而不居。」在中國古老的儒家傳統《中庸》也講過一句話「萬物並育而不相害，道並行而不相悖」，古人有感於天地萬物欣欣向榮而產生的寬大胸懷，而提出了萬物並育而不相害的觀點。這種胸懷我們可以在儒家的傳統（這是我父親周德偉先生常提到的）司馬遷的《史記》裡面看到，除了帝王將相賢臣文人以外，他也提到市井小民、刺客、遊俠、滑稽各種人物為他們列傳。而且他在最後太史公的自序裡面講到「貪夫殉財，烈士殉名，夸者死權，眾庶馮生」，每種人都為自己的價值觀去全力以赴。他在裡面並沒有褒貶優劣高低，這是非常寬大的胸懷。這也是我父親一直想要疏通近代西方的「自由主義」、「個人主義」跟中國傳統「聖學」的關係（他沒有用儒學而用「聖學」是包含了儒與道兩家的思想），希望中國能夠在這個傳統下做一個結合。很可惜五四以後，中國走向全面反傳統，以為傳統都是壞的，結果西方深厚的東西接不進來，自己的東西又要割裂掉，落到如今主體精神全然喪失的悲慘結果。所以說，紫藤廬呈現的是中國傳統那種非常遼闊寬大、包容尊重的美學，這跟自由主義、個人主義基本上是可以相通的，我們應該可以做一個很好的結合。

因為出生在這種傳統知識份子的家庭中，我有一種特殊的使命感。近代中國人理論談得多，好像逐漸對於真實的存在產生一種感性的墮落。像早期台北在加工出口經濟起來的時候，到處都有很醜陋的四樓公寓，裝了鐵窗，醜得一塌糊塗。這麼醜是怎麼回事呢？中國傳統裡是沒有這樣的狀態的，所以我覺得這是一種很可怕的、感性墮落到一種麻木的狀態。

我警覺到知識份子不應脫離現實，空談理論，這是極其危險的。相對的，這些對於宇宙對於世界對於現實，不論美醜都如實表現的創作者，我都希望能盡量支持，讓這些人真誠陳述他們跟世界發生關係的對話。我覺得這種感性的基礎一旦泯滅掉的話，這個民族再富有，還是一個新奴隸階級，因為完全沒有自我的感性，更不可能有進一步主體的判斷。

我當初在紫藤廬辦畫展，尤其是展出像鄭在東、陳來興這些人的畫的時候，有些人

2009年5月紫藤廬「浮生邈邈──鄭在東個展」展場一景

來茶館覺得很不適應,說你們茶館這麼美,怎麼搞這麼可怕的東西?他不了解其中的美學。真正的美學不是只是美。「美學」這個翻譯其實是有問題的。「美學」從希臘文翻譯過來,它原文大概是「感性之學」的意思。當被翻譯成「美學」之後,產生了一個問題,好像美學只談美不談醜。其實在希臘的傳統裡面,各種真相的揭露,包括最醜的揭露,都是美學的一部分。所以我這兩個展覽中透露中國傳統人文與五四運動以來,個人為社會為文化不斷求答案、求出路的一種浪漫作為,這也是紫藤廬存在的目的。

**周渝**

台北紫藤廬茶館的主人是知名收藏家。清大藝術中心與周渝先生的結緣甚早且深。徐小虎主任於1993年邀請周渝先生共同策劃「茶術與癡」展覽,展出茶壺與品茶的藝術。1998年周渝先生也受邀於清大藝術中心展出藝術收藏品「質真若渝」。于彭、郭娟秋、陳來興、許雨仁等位知名藝術家都曾於青壯時期在紫藤廬茶館展出作品,後來也都受邀到清大藝術中心展覽。紫藤廬茶館是眾多文人雅士流連之地,也是藝中同仁度過年輕歲月的緬懷之地,它賦予我們人文思想的養分與翱翔空間;紫藤廬和清大藝中是當年藝術交流的兩個場域,在不同時空中與相同的藝術創作者先後交會,因而我們有了說不完的故事,訴不盡的情誼。(執編撰文)

# 續航「滲透太初」之能量

文/ **劉永仁**（Liú Yung-jen）

## 藝術中心之先導

　　80年代以來，台灣的藝術環境有了顯著的改變，美術館、文化中心、替代空間，以及民間的專業畫廊相繼設立，提供藝術家發表作品的機會，同時也開啟了第一階段的藝術產業的先聲。然而在大學機構之中，清華大學是最早設立藝術中心的大學院校，他們開始強化關注藝術與人文相關課程的賞析，尤其使學生在校園的藝術中心可以直接面對作品、耳濡目染感受藝術散發的魅力。清大藝術中心至今積累二十年經驗，其主

要特質：歷屆主任皆能以「開明」的態度面對藝術，而專業人員適時發揮其才華，策辦精彩的展演活動，此外，也因學生虛心見習及義工朋友熱情慷慨幫忙等助力，無疑地，這些因素致使清大藝術中心獲得佳評聲譽，其穩健的營運成效足以為其他大學藝術中心的典範。

## 滲透太初・離心聚合・牽廿

　　2001年5月，我在清華大學藝術中心舉行個展，這是我從義大利返台定居的第三次個展，那是接觸清大藝術中心的開始，也是愉快的合作經驗；其後又分別於2006年與

劉永仁與展品於清大藝術中心（**陳明聰攝 2001**）（左頁圖）
劉永仁〈深度呼吸之旅〉於米蘭 油畫＋牆畫裝置 300×700×150cm 1997（**P. Vandrasch攝1997,12**）（上圖）

2008年，參加該中心的策劃主題展「離心聚合」與二十週年展「牽廿」，和該中心策展團隊的互動，可謂緣份十分濃厚且印象至為深刻。回想當年的個展，以「滲透太初」為展題，既是個人的創作表述，亦為詮釋作品思想情感的話語。事實上，我個人始終相信：藝術創作是生活感知的一部分，更是心智空間的拓延，處於世俗生活，藝術表達相對是純粹的，試圖追求探究理想的精神境界。

　　藝術創作未必是生活所需，卻是生命所需。我在思考與繪畫的過程中，自覺游移於現實與想像的空間厚度之中，在精神自由的光幅間距中往返追尋。畫布、油彩與內框的相互關係，猶如生命體必須呼吸空氣維繫生之能量。我往往以素描推敲在時空中捕捉的視覺線索出發，但在面對畫布時卻以直覺觸動靈感作解構式的宣洩，於是當下閃現的靈光，激盪潛藏了無限的變數。藝術家創作的獨特風貌，除了自身人格特質與生活背景息息相關，而閱讀藝術史與觀看展覽更是有必要探討的功課，主要考量緣由：其一、從中檢視藝術家的圖像語言之差異及其發展變化，其二、吸收感受精華神采同時剔除既有的僵化藝術語彙，以避免不自覺中成為陷入窠臼的魅影。

　　藝術家以繪畫創造標記，呈現其敏感內視象纏鬥的洞察力，更是反映現實體現自身的無限需要。繪畫中隱含一種歷久彌新的奇妙光采和引人深入的感動質素，無論新興媒材如何發展，均難以取代。繪畫伴隨著真實與虛幻，儼然浩瀚形成一個獨立思想脈絡持續發展著，我之選擇繪畫表現的理由：為免於陷入表象物質入侵的偏執，以及企圖從簡約的空間表達無限之想像，再則便於保持獨立思考，延續創作的軌跡，猶如在私密閉關修練的結構中工作，以純然焠鍊可獲致相當程度的靈活性與自主權。

劉永仁　城垣壓縮-990301　油彩、畫布　227×182cm　1999（左頁圖）
劉永仁　酒透呼吸之間　油彩、畫布　130×194 cm　2002　李立恆先生藏（上圖）

## 心智試煉轉藝術語言

　　「滲透太初」，並非一句口號或是闡述界定藝術風格的引子，而是提供觀者可資探訪的線索，它的產生絕非偶然瞬間的反映，而是側重於個人心悟漸變的衝擊過程，以及順應邏輯思維之下，自然凝聚而成為適切檢視的門檻。「滲透太初」是無所不在而具有擴張性的溫潤氣質，它接受轉化中間性（形象變形抽離和殘留）的選擇，並從中浮現創作者的心智試煉過程。「滲透太初」也試圖屏除行將陷入約定俗成的造形語彙，在一種可挖掘和探討的方式上，留下個人符號的軌跡，進而擴展它，使之變形、概念化，反覆推衍各種變化係數滲入要躍動的可能性。因惟有經由再思考、想像的空間，使內心底層存有意蘊的種子萌發時，藝術的意涵始能無窮盡而饒有韻味。

　　創作的過程是介於嚴肅和叛逆遊戲的雙向妥協，既要全神貫注，又要不失拿捏的餘裕，前者當權充披荊斬棘豁達的勇氣，排除無謂的影響，後者尤需保持適切抽離度，從而避免自戀於沉溺的情境。當創作態度養成時，所有的意念皆有可能聚焦，題材無關乎崇高與卑微，圖像也不再受限於具象或抽象之判別，惟如何從虛實擺盪的深淵，凝神縱深揭露新的可能，則是你主觀創造新鮮視象強悍秉持的思維，藝術之意韻因而被視為無止境的撲朔迷離；而系列繪畫的公開展示，好比是另一項探險與試煉，因為在多方異向思想範圍中、交集衝力，會激攖出新的課題和逆向審視迴盪。

重返「滲透太初」的空間感知是隨機的，在系統中的混亂相對於秩序，及映照組織的拆解相對於其重構，呈現有機且無解的可能性。事實上，這個概念源於我先前「深度呼吸之複次方」及「城垣壓縮」兩個主題：深度呼吸是在同一空間中沉溺而力爭上游，在縱深的感知中探索，城垣壓縮則是滲透的某一分解動作，平行往前後左右移動，令其重疊壓縮，同時也是試圖用意識削平空間定義限制，經過平行與縱深的過程之後，我驚覺到雖然看不見周遭空間的「褶痕」，卻隱約感受到這些褶痕陰影處所引發的勁道，將褶痕勁道轉化為剛柔並濟的星群，四散於無邊際的思緒體系之中，而滲入太初混沌的缺口，將蘊涵拓延更深層的有機空間。

劉永仁
呼吸塔
油彩、鉛、
蜂蠟、畫布
100×80cm
2007
陳明仁先生藏
（左圖）

劉永仁
呼吸申入
油彩、鉛、
蜂蠟、畫布
130×194cm
（120F）
2008
（右頁圖）

## 呼吸概念

　　自1996年以來,「呼吸概念」一直是我的創作追求的目標,為實踐個人藝術理念,歷經從最初的水墨、壓克力顏料、油畫及近期的蜂蠟與鉛片,從系列繪畫到環境繪畫探討,其間的實驗與轉折相當深刻,當然油彩與畫布仍是主要的表現媒介。人們所有的感覺都具有某種程度的空間擴張性,試圖在繪畫空間表現新奇深層的視覺語言,顯然必須秉持日以繼夜的提煉與挑戰。空間的入口在哪裡?在困惑的質疑與僵化滯礙的現象過程中,促使我的探索不斷朝向無垠深淵挖掘:人與空間的關係、空間與空間的相互滲透性……,由開闊到壓縮,符號定格結構求取平衡的張力,而這種平衡是複合性的、自發性的,如果不能在概念環境中獲得,就必須在創作中宣洩出來。創作者試圖說明自己的作品,卻又牽引出文字的寓言而造成更大的漩渦,欲闡述其間的過程,但似乎更複雜,建議觀者就從文字的某一段敘述中扯住你想要進入的一角,以不同方向擺動及蔓延,體會這其間各種暗示和線索,每一種解答可以都是對的,也都有其存在的必要性,作品的終極不是解答而是對話,如此循環而堆疊出新的想法。

### 劉永仁

2001年,劉永仁於清大藝術中心舉辦「滲透太初」個展,2006年「離心聚合」及2008「牽廿」聯展。在1990至1998年期間,劉永仁曾旅居義大利尋求藝術思想與創作之提升。他鍥而不捨追求適切表達藝術創作的媒材,經由水墨、宣紙過渡到壓克力、薄棉紙、金粉,最終以油彩及亞麻仁布表達出他所想表現的溫潤特性;劉永仁萃取東方的氣韻生動的書畫技藝,融會貫通中西藝術精神,運用於其繪畫視界,視時適性地推衍系列創作的內涵,建立其藝術語言的理想本質。「滲透太初」系列乃延伸自「深度呼吸之複次方」(帝門藝術教育基金會1996)與「城垣壓縮」(帝門藝術中心1999);繼「滲透太初」系列之後更發展出「呼吸滲透」(科元藝術中心2002),「呼吸深度之旅」(南畫廊2007)。他不斷地抽離或改變具體形象以活化繪畫特殊語彙,並延續其創作風格的獨特性,營造自我藝術的極致境界。(**執編撰文**)

# 筆墨可以橫著走

文·圖/ **楊世芝**

　　在多年的創作中，我一直無意用「中」/「西」、「寫實」/「抽象」等概念來界定自己的作品。但我很清楚，無論用何種媒材，「整體觀」一直是我所關注的議題。

　　「整體觀」在中國傳統繪畫中，必然會在一流的作品中完整呈現。而傳統畫論多半從「靈氣」、「神韻」、「生動」等意會的方向討論，甚少著墨於「整體觀」的全面性思考。然而，究竟什麼是「整體觀」呢？

　　以一般人比較熟悉的書法為例，第一筆落下之後，接著下一筆與每一筆之間的關係，完成一個「字」的小整體；每一個小整體完成「行氣」的整體；行句之間再完成整篇的「空間」整體。本質上，「整體觀」不但是視覺的，也是精神的；它是結構，也是內容。「整體觀」實際上的操作是靠筆墨，一點一劃的逐步堆砌，每一筆墨都牽動著整體的構成。所以，筆墨擔負了許多面向：對象物的描繪、整體氛圍的營造、筆與筆之間所能承載的抽象思維等，都是在每一筆與整體關照之間慢慢呈現。這樣的「整體觀」不僅存於書法作品，在繪畫中當然也如此自然呈現。「整體觀」與筆墨的表達在傳統繪畫中，是經過了千百年逐步孕育而成，自有其完整的體系，在未來的傳承上，這些得來不易的精髓，當然是絕不能被忽視。

　　藉由線條而來的傳統繪畫，不僅是「空間」的創生，也是空間中「時間」的連續延展，而所有的筆觸不能停滯，不能有敗筆，不能更改，必須一氣呵成。整體而言，是畫

楊世芝　南園　墨、壓克力、鉛筆、水彩紙、棉紙拼貼於麻布　70×363cm　2007

楊世芝　天成　墨、綿紙拼貼於紙板　42x49cm　2007

者內在狀態的外在延伸。從好的方面看，絕對是文化的特色。但它的缺點，也正是這個特色所帶來的壓抑。因為畫者多半以終其一生練就出來的功力、技術、慣性，成就作品，但他的功夫也同時阻絕了許多新的可能。是故，打破習性，讓筆墨有新的展現，似乎是現代繪畫最重要的挑戰。

楊世芝 望 壓克力於麻布上 180×155cm 1995（左圖）
楊世芝 水連天 壓克力、蠟筆於紙上 110×70cm 1991（右圖）

　　於是，我試著先在毫無構圖結構的限制之下，釋放自身潛在的驅動力，讓畫紙上的線條自主獨立地舞動，可以是單純的律動，也可以是塗鴉，不具有任何既定的概念和表達目的，只是一些各自獨立的筆觸。隨後，任意地剪開畫紙，讓這些無數的筆觸，有如調色板上的顏料，每一個片斷都蘊含了將被啟動的內在能量。當第一筆的片斷貼在畫布上後，也就是從「無」走向「整體」的開始。每一個筆觸的片斷都有生成為某一條線的可能。因此，過程是連續地創生與不斷的對話。完全沒有既定的圖形結構，永遠在機遇性的變動中，與「整體」互動。

　　這些線條的生命不再是我當初釋放出來的獨立筆觸，他們有了完全新的關係和生命力，完成的圖像也超越了我所能刻意構思的結構。重要的是，「整體觀」一直必須存在於每一筆觸來回牽動的關係，以及持續變動的結構裡，不斷地嘗試、調整、探索、選擇、統合。最後，「整體觀」完整呈現。

## 視覺的統合經驗

　　「看」對一般人而言是件簡單的事，但要如何真正地「看見」卻是件不簡單的事。

　　大部分的人認知的層次往往只以「概念」的辨認為目的，而人、物或自然其本身所具有的根源性或原創性常被「概念」所簡化或具化，更嚴重的是常常透過概念達到認知的目的後，真正視覺的經驗好似不曾發生，視覺淪為純功能性的工具。

楊世芝 物質空間的庇佑 壓克力於麻布上 180×150cm 1999

　　我們忘了「看」本身的豐富性，其所包涵的複雜意義，大致可分兩方面，一個是在「時間」上來說，「看」是一種全面且即時的直接接觸；是觀者主體與對象客體的當下接觸。另一方面是在主客之間又各有其自身意義，在觀者主體而言，個人的直覺、知覺、感性、理性、有意識、無意識等等各種可言傳與不可言傳的因素，都會影響我們的視覺經驗，甚至個人的過去經驗、當下處境、未來期許、文化背景等，都可能使每一個人的視覺經驗顯得獨特而深刻。而在客觀對象方面，如前言，又各有其自身的根源性與

楊世芝　生命的曲線　壓克力於麻布　180×450cm　2005

原創性。所以如果我們不能跳脫自己所設限的習慣，真切地拋開一切現成的「概念」，打開自己的「心眼」，讓視覺直接而自在地恢復它原有的可能性，那麼大不了，我們「看見」的也只是腦中既定概念的不斷重複而已，真正的視覺經驗可能從未全然呈現。

　　總之，在繪畫的形式中，我試著盡量擺脫一切既定的「概念」，以直觀的方式，把視覺經驗的多重性再現。換句話說，如果視覺經驗確實是如此複雜，那麼我們的實存空間表達在繪畫的形式中時，所謂的「二度」、「三度」、「寫實」、「抽象」等等都應該是一個混合體，互補互動，可以同時並存，相互遊走；它們可以是既平且深，既抽象又具體……，它的多重性是無法用單一的概念來分類或釐清的。

　　如李澤厚先生在《我的哲學提綱》一書中談「自由直觀」時寫到，「它既不是理性思辯，不是形式推理；它也不是感性經驗，不是單純直感。它似乎類似康德的『理知直觀』，既理性又直觀，但並非上帝才具備。它似乎不可分析，卻又仍然來自生活、實踐。它常常具有某種詩感的朦朧，不可言說的多義，卻擁有突破現有思維格局和既定經驗的巨大力量。」總之，以這種整體呈現的方式，或許可以更直接地探求視覺經驗的本質。

## 對待藝術應有的態度與熱情

　　甫珊來電，希望我在清華大學藝術中心成立二十週年之際，能寫些感言。回想十多年前在清華展覽的一段經驗，讓我現在還是有很深的感動。

　　1997年，我在清華辦了一次個展。當時的藝術中心主任彭明輝老師，在展前幾乎用了半年多的時間，前後幾次，帶著麗珠老師、懷文、育田和子芸一起從新竹到台北我的工作

室作訪談，一方面瞭解我的背景，一方面討論我創作的理念。如此細緻的策展，當年絕無僅有，不但給我帶來很大的鼓勵，在訪談中來來回回澄清自己的想法，也有很多反省。我的感動不只是來自於他們對藝術工作者的尊重，而是他們對待「藝術」的態度。

我必須對所謂「對待藝術的態度」進一步說明：一般人對待「藝術」常常不是把他捧在天上，好像只有少數「天才」才能有所作為，不然就是把他踩在腳底，相較於一般行業，既不實際，也太費時。大部分人不願用一種比較平實、好奇、探索的態度，去接觸和欣賞藝術，發掘藝術的豐富內涵，或質疑藝術的價值與意義。尤其「現代藝術」好像是一小撮人玩的遊戲，一般人很難理解。

其實，現代藝術與任何一門學科一樣，要有知識和理論的支撐，需要時間和勇氣去探索、去創造。認識藝術或現代藝術，最基本的要件就是，要從良性的「對待藝術的態度」開始，去對話、了解、質疑、共鳴……，去分辨藝術到底是不斷的「新點子」所生產出來的形式，還是根源上與「人的存有」相關的意義脈絡。讓我們透過這樣的「態度」去認識藝術，進而才可能慢慢有能力「生成」屬於這些人、這片土地、這個文化獨有的藝術形式和內涵。作為一個專業的藝術行政單位，清華藝術中心就是以這「態度」，為藝術延伸了如此的可能性。

清華藝術中心除了對藝術工作者與策展立下了嚴謹的態度，在教育的崗位上，清華藝術中心也開創了一個志工服務模式，不但使志工朋友們有機會在介紹展出作品的同時，接觸到創作的第一手資料，並能與作者直接互動。

目前，在劉主任的努力下，藝術的空間由室內擴展到室外，與藝術的對話也從專業的作品延伸到同學的創作。其實，這些作法是在補足台灣藝術教育上結構性的貧血。藝術學界甚少投入台灣藝術社會教育，每年把大部分的經費用在展覽與交流上，但結構性的問題無人理會，有洞察力和批判力的藝術評論更是鳳毛麟角。藝術行政人員往往面對制度的空白，只能以個人能力撐起半邊天，離開了職位，一切又回歸原來的處境，不但消耗掉許多有能力的行政人才，對後進何去何從也不知如何交待。

以上種種雖然並非少數單位或個人能改善，但我深深期許，尤其有藝術系所的高等學府和主事者，可以針對這些急迫的問題，作一些根源的疏理，也許再過十年、二十年，面對台灣藝術普遍性的發展，能很自信地說：「我們對待藝術的態度改變了！」

**楊世芝**

美國舊金山州立大學藝術系畢業。曾被譽為「台灣抽象四傑」的代表畫家之一，於春之藝廊展出早期個展，也是早期藝文空間「2號公寓」的創始人之一。1997年受邀於清大藝術中心展出「另類視覺的歷程──楊世芝個展」、2008二十週年「牽廿」聯展。楊世芝對東西文化差異的觀點，具有濃厚的研究興趣與觀察推衍。在她的信念之中，東西方文化的交融後，視覺藝術的基本問題自能迎刃而解，若單就一方探究反不得其門而入。反芻楊世芝的繪畫理念，不受限於東方或西方世界耳熟能詳的畫派脈絡，其作品揭示：若人們能嘗試細膩探索與窮盡視覺的各種可能性，我們不假外求地即可從平日的生活之中體會出視覺藝術的真實性。（執編撰文）

# 二十年的空間
## 創造有歸屬感的內在風景

文·圖/ **吳松明**

　　二十年的空間，若指時間，那可是長長的一段呀！如果一個空間，存在二十年，那麼，那裡的故事也該有長長的一串了。

　　2008年的12月，我送十張大篇幅木刻版畫去清大藝術中心參加五人聯展，雖然是為他們二十週年慶辦的特展，但是我似乎還沒有感覺到「20」這個數字的份量。最近，藝術中心的朋友寫信來邀稿，他們正要為藝術中心成立20週年編印一本書，可是認識他們才幾年前的事，要寫成文章，可是比畫圖還吃力。然而，我從1988數到2008年，這一長串的數字，還要換幾口氣才能數完，對他們的專業而言，可是有許多的青春投注在那裡呢！

　　清大藝術中心成立時的樣子，我一點都不知道，在台北許多型態的展覽空間當中，

吸引我們去的地方，自然是在東區密集畫廊區的展覽，以及一些藝術家聚落式的另類空間。那裡有五花八門的藝術展演，以及各式各樣的人物進進出出。在許多藝文報導裡，總是會出現一些傳奇人物或冒出一些畫家重拾畫筆的感人故事，似乎這個從來不列入職業項目的行業，突然熱鬧起來。

　　此外，在我們當學生的眼裡，不僅看到老畫家像出土般地出現，他們過去隱默的創作人生重新被書寫，作品被挖掘出來受珍視的一天。那時候，許多到國外學藝術的學生歸國，帶回不同的藝術，那些大小場面展現的藝術消費能力，也吸引許多長期居

# 藝術家雜誌社 收

## 100 台北市重慶南路一段147號6樓

6F, No.147, Sec.1, Chung-Ching S. Rd., Taipei, Taiwan, R.O.C.

**Artist**

姓　　名：　　　　　　　　性別：男□ 女□ 年齡：

現在地址：

永久地址：

電　　話：日／　　　　　　　手機／

E-Mail：

在　　學：□ 學歷：　　　　　　職業：

您是藝術家雜誌：□ 今訂戶　□ 曾經訂戶　□ 零購者　□ 非讀者

客戶服務專線：**(02)23886715**　E-Mail：**art.books@msa.hinet.net**

1.您買的書名是:＿＿＿＿＿＿＿＿＿＿＿＿＿＿＿＿＿＿＿＿＿

2.您從何處得知本書:

　　□藝術家雜誌　□報章媒體　□廣告書訊　□逛書店　□親友介紹

　　□網站介紹　□讀書會　□其他

3.購買理由:

　　□作者知名度　□書名吸引　□實用需要　□親朋推薦　□封面吸引

　　□其他

4.購買地點:＿＿＿＿＿＿＿市 (縣)＿＿＿＿＿＿＿書店

　　□劃撥　　□書展　　□網站線上

5.對本書意見:(請填代號1.滿意 2.尚可 3.再改進,請提供建議)

　　□內容　　□封面　　□編排　　□價格　　□紙張

　　□其他建議＿＿＿＿＿＿＿＿＿＿＿＿＿＿＿＿＿

6.您希望本社未來出版?(可複選)

　　□世界名畫家　□中國名畫家　□著名畫派畫論　□藝術欣賞

　　□美術行政　□建築藝術　□公共藝術　□美術設計

　　□繪畫技法　□宗教美術　□陶瓷藝術　□文物收藏

　　□兒童美育　□民間藝術　□文化資產　□藝術評論

　　□文化旅遊

您推薦＿＿＿＿＿＿＿作者 或＿＿＿＿＿＿＿類書籍

7.您對本社叢書　□經常買　□初次買　□偶而買

吳松明　一隻寵
物的告白　木刻
版畫　65×45cm
2008（左頁圖）

吳松明　龍眼
樹下　木刻版
畫　178×92cm
2008（右圖）

吳松明於北投工作室 2004 楊文章攝（左圖） 吳松明木刻版畫個展一景 2002 楊文章攝（右跨頁圖）

留在海外的藝術家紛紛回來展覽，那種時光，似乎也標示了美術系學生出路的可能性。然而，對畫畫的人而言，畫圖然後賣畫，在這種時機裡是很自然的希望。即使將作品貼上標籤，然後放進藝術市場裡受考驗，當藝術在我們的社會裡形成了一種生態時，那也是一種自然的存在方式。無論如何，我也得在這個生態裡經歷。

我們常在週末的下午到台北東區，從一家畫廊逛到另一家畫廊，體驗不同程度的熱鬧開幕。如真似幻般地置身在那前所未有的藝術製造和展示的風潮裡，無論是藝術市場的競爭或藝術潮流的紛擾。不過，仔細想，那裡面的藝術成分都不同，我們也學著去分辨呢！反正在這讓人眼花撩亂的藝術產業榮景裡，這種氣氛足以讓年輕人去幻想未來，有一天也成為那熱鬧場面的主角呢！

也許，那時候1990年左右，畫廊興盛的關係，還在當學生時就見識到我的朋友－－美術系畢業的前輩，紛紛在畫廊裡嶄露頭角或出國發展，精神上很自然地受到鼓舞。即使離開學校，我自己決定開始獨立畫圖這件事，在畫廊和畫家彼此尋尋覓覓的合作關係，尋找一起上路探險的機會並不太困難，但是，我還沒有機緣觸及那個學校藝文空間的存在。

當然，剛起步，並沒有太多的表現機會。雖然有一些屬於年輕人的藝術團體，和自助式的展覽空間，若沒有機會加入，還有其他不同屬性的畫廊存在。而我的初次展覽是在畢業一年後，在一家位於復興南路公寓住宅裡的小畫廊。顯然，年輕的老闆也喜歡跟年輕藝術家來往，即使得去打工賺錢也要經營一家另類的畫廊，這也顯示了那跟東區畫廊不一樣的出場場面。然而，對於剛出道的我，作品還來不及成熟，台北畫廊時代的繁榮光景也漸漸遠離了。

然而，在多樣的藝術潮流交替迅速，畫市和股市交易熱絡當中，可以想像在清大校

園裡成立的藝術中心自然顯得安靜。雖然是單純辦展覽的校園藝文空間，卻是提供機會給社會專事藝術者申請使用。在我的印象中，他們辦過的展覽水準很專業的樣子，而且看到為專業畫家印的畫冊，心裡覺得那是一件不容易的事。此外，再也沒有其他大學經營藝術中心的印象了。

認識清大藝術中心是在2001年底，他們來我的北投工作室拜訪，我們也決定隔年5月的個展，那是沒在台北個展好幾年以後的事了。那段時間都去南部的畫廊發表作品，再度回到北部展出，卻是面對80幾坪大的展覽空間，看起來像似要辦大展的場面，這立即讓我感到壓力。還好，在我工作十年後，我所能夠做的大件版畫，尤其那些在北投做的大張彩色版畫，以及在德國和巴黎做的黑白大版畫，也足夠佈滿那個空間而感到高興。

當然，還配合展出了更早之前的大幅的彩色木刻版畫，以此呈現我的作品在十年當中的發展軌跡。一個明顯的轉折點，大概是在1996年，我畫的油畫和做雕刻都遇到困境，不得不思考轉移到版畫創作的可能性，我開始集中精神將雕刻和畫圖的造型能力去刻版，並試著使用油性的版畫顏料套印出彩色木刻版畫。對我而言，那時在創作方向及材料還不甚精練明確之際，找到一種熟能生巧的畫圖方式，要比找到好的畫廊展覽迫切。

而且，木刻版畫具有直接而有偶發性或即興式的直刻過程，使用簡單的雕刻工具和不需繁複的製版和轉印技術，就可以貼切地將我對現實的觀察和想像，轉化成為個人式的繪畫語言，也許這種簡單的老方法，能讓我將許多無法在畫布上完成的圖像，透過木板間接地刻印出來，以此彌補我畫油畫的挫折感。

我不曾專修過版畫，就開始做起木刻版畫來，但是心裡想的還是繪畫性的圖像問題，而不是做版本身，更不是植基在版畫的傳統之上。在這種持續地自我學習發展裡，我喜歡將版畫創作和自己擁有的製作雕刻、油畫，以及水彩畫的能力保有彼此活絡的關係，以此

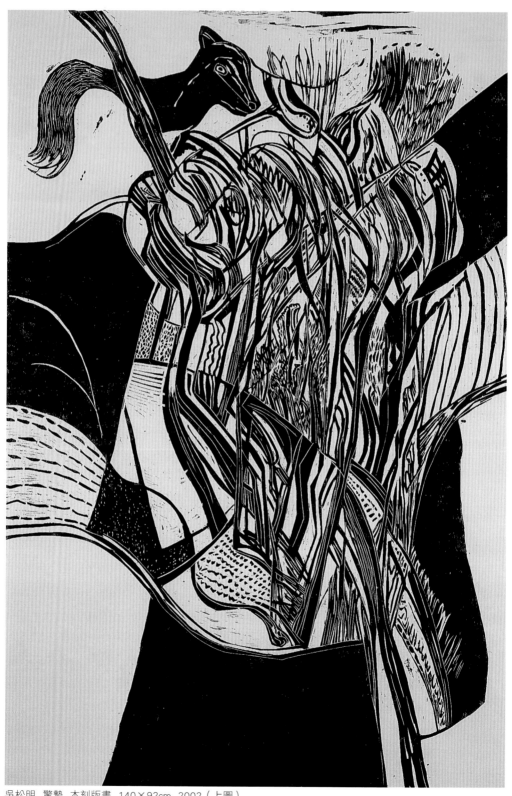

吳松明　驚蟄　木刻版畫　140×92cm　2002（上圖）
吳松明　水神・牛軛・山風　木刻版畫　140×92cm×3　2002（右頁圖）

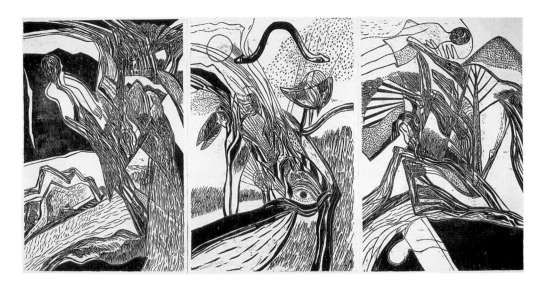

　　創造有歸屬感的內在風景，乃是我勞動其中的樂趣。

　　只是，當作品變成複數的形態，所以跟油畫的認定價值有所差別。在後來的幾年裡，我漸漸有機會去歐洲遊歷和創作，雖然見識到五花八門的現代藝術，不過也讓人感到茫然。回到台北，我也漸漸能從這些困惑裡找到面對自己工作的認同感。

　　前幾年，我稍微可以跟人家分享我的工作經歷時，我也意識到一段長時間的過去。有一次，一群美術系的學生邀我去他們學校演講，也許我的經歷並不可觀，或是只把個人意義的畫圖工作當作一個案例來說明較不動聽？以至於在我講完以後，很好奇地問學生是否畢業後會想繼續畫畫這工作？頓時大家安靜，看起來都不好意思舉手的樣子，還好在昏暗的教室內，也看不見我心裡的尷尬，我後悔不該這樣問，或許那種浪漫又私密的念頭，是不會輕易舉手表露呢？也許，畫畫這途，是一種沒有薪水可領，也不知何時才有報酬的職業？

　　最近，偶有大學的藝術中心來邀請展覽，看起來大學的藝術中心已經從南到北流行的樣子，他們的策展能力似乎也不錯，那麼，在另一個二十年空間的開始，清大藝術中心的存在模式不再唯一或當少數，也許，這顯示了我們的藝術生態在改變？在面對自己的工作在新潮流的瞬息萬變當中，或許以後，在這個生態裡，無論職業或業餘，大學的藝術中心也成了藝術家的新舞台？（2009.8.17於關渡）

**吳松明**

文化大學美術系西畫組畢業，1999年到德國阿亨（Aachen）路易美術館藝術家工作室創作四個月，2000年獲教育部獎學金到巴黎國際藝術村創作一年。2002年於台北市立美術館展出「夢的遠足」個展，回溯2002年之前所有重要藝術作品——其中包括在德國阿亨的四個月居留時期的大篇幅人物版畫，以及後期旅居巴黎時期所湧現更多較抽象意象的創作；此展當然也包含早期的創作，愈近期的作品愈能展現藝術家多樣化創作的範疇，並精準敏銳地呈現中心思維。藝術原本來自於日常生活、大自然，吳松明的創作思路讓我們更貼近自然，他呈現的藝術世界慮盡過度文明化的都市生活，回歸大自然的境界，他那糾結卻絲毫分明的線條與塊面顯示其追尋自我、自然與原創性的軌跡，跟隨他的思路前進，沿著那數條橫跨畫面的點線延伸到浩瀚無垠的宇宙中，能體會意想不到的藝術哲理。（執編撰文）

# 十年一日

## 從「城南對」說起

文·圖/ **林銓居**

林銓居　琴　油彩、畫布　200×100cm　2008　私人收藏

　　2000年是我人生轉折最大的一年。那一年的2月我與妻小搬到美國住了兩年半，累積多年婚姻的不和諧與養育幼子所無可遁逃的責任，徹底地把我變成了另一個人。如果你見過長期在海外生活且人際關係相對封閉的人的那種言不及義、魂不守舍——尤其是家庭主婦——的樣子，那麼你便不難想像我的處境。在最苦悶、最需要與人分享藝術的時候，我無法像一般留學生那樣出門去交朋友，也不能像專職的藝術家那樣可以全力用創作來展現他的存活的意志。

　　從台灣到芝加哥，只是一個空間的轉變而已，但我原有的藝術、人際關係與生活狀態都失落了，我痛苦掙扎，內心陷入絕望邊緣。一年後，我申請就讀維蒙特州Goddard College的遠距教學的跨領域碩士課程，試圖改變自己的生活模式。2001年11月的一個深夜，我把速寫本和毛筆顏料搬到因為感冒而咳嗽著、睡不安穩的孩子床邊，我畫下了「家族故事」的第一組草圖；從此將近十年的時光，我把創作投注在家族故事的內容和跨領域

林銓居　抱璞　油彩、畫布　180×190cm　2009　畫家自藏

藝術的形式上。我用「家族故事」系列作品為當時的自己尋找內心的出路，以及寄望西方生活不要斲斷了我——更重要的，還有我的孩子——的歸鄉路。

　　現實生活的頓挫是無所不在的，人生的困惑也是無時不在的，但藝術創作的行為本身所帶來的超脫，確實能給人超出尋常的力量。說起來也許有一點感傷主義與浪漫，但在出國之前，在遭受這未知的命運的說不清的撥弄之前，很長的一段時間，我似乎真的體驗過一種精神上的超脫與無條件的美好。而它的成果就呈現在清大藝術中心所刊印的《城南對》畫冊和以「清音與新韻」為名的個展中。

　　從2000年往前推算的四年間，我在住家附近的新店山區租了一間農民的祖厝做為畫室，那是一間一條龍式的紅磚瓦房，緊靠著青山，樹木與竹林圍繞。在這間小屋裡，我畫油畫，也畫扇面，有些扇面上題著唐代司空圖的詩句與義大利小說家卡爾維諾的句子，這些題記上下中西古今，我不是誇示學問，而是深有所感。我經常出門寫生，四

林銓居　桂庵耕稼圖　油彩、畫布　141×45.5cm　1999　私人收藏（左圖）
林銓居　桂庵醉月圖　油彩、畫布　119×41cm　1999　私人收藏（右圖）
林銓居　滌硯圖　油彩、畫布　141×45.5cm　1999　私人收藏（右頁圖）

處探看，有時候在新店溪的上游溪岸吃著三明治早餐，在冰冷的溪水裡游泳，然後畫幾張速寫。朋友們偶而來訪，或許覺得這樣的空間有點遠離世俗、不切實際，但大自然就是大自然，安靜也有它自身的感染力，朋友們很快就覺得安適，於是我在這裡結交了寫作、書法、喝茶、唱南管和其他的一些朋友。我讀很多書，從《聊齋誌異》、《人間詞話》、《牡丹亭》這類的古典文學到西方當代小說，我一本又一本的讀；我磨墨寫字，第一次感到自信可以把書法題在畫上；我的感官全然地打開著，我的觀察敏感而細緻，當我散步時看到一棵無人照料的夜合花，我在心裡能與它對話，後來為它的不為人知的美寫成了一篇散文。關於寫作，我寫得非常勤快非常多，我得到文學獎的文章都是在這畫室裡一張我自己釘製的木桌上寫成的。我有一篇文章寫道：

當夏日雷雨從天而降，畫室潮濕而寂寥，我一邊吃著葡萄，一邊用筆醮著未濃之墨圈點文字，整個季節讀完夏目漱石的《草枕》。小說首頁那一段關於畫家的開場白：「我一面攀登山路，一面想著：人世是難以安居的。越是難以安居便越想遷移到安逸的地方，當你領悟到不論遷到哪裡都難以安居時，便產生了詩，誕生了畫。」這段話，就像從天而降的箴言似的，隨著雨點落在細碎而蒼茫的竹林中。那不是人間的凡響，那是藝術家傾注生命的告白。

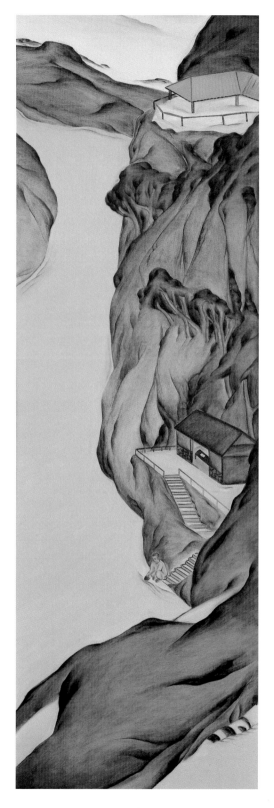

林銓居於金山海邊寫生　2009　蕭榕攝影（左圖）
林銓居攝於新店畫室　1998　林保寶攝影（右圖）

　　這正是當時我的畫室最真實的情境。這些寫景、書信、回憶、讀書心得的文字，總共大約有五、六萬字吧，其中大半與當時完成的畫作收錄在《城南對》的畫冊裡，並且先後在清華大學與靜宜大學的藝術中心舉辦個展。當時的畫作有的並不成熟，但也有幾件得心應手的作品，例如那十幾張扇面，以及〈明潭浮玉圖〉、〈桂庵醉月圖〉和〈桂庵滌硯圖〉等油畫。這些油畫大多是長軸型的山水，畫中有高山流澗桂，一兩間小屋，人物或是蹲在湖岸邊洗硯台、或在山腳下的田壘裡勞動著，或是與一個沒有影子的人在月下對坐著喝酒。我還記得畫〈桂庵醉月圖〉時，我經常是晚飯之後又從家裡出發去到畫室，在全然的安靜裡我用非常薄的顏料畫出遠處的山的肌理，等它乾了又再畫第二層、第三層。我的沾著顏料的筆像水墨畫筆那樣調過，每一筆都保持筆尖色重、筆肚色淡的狀況，當我下筆把顏料畫出來時，它的濃淡層次就隨著用筆自然的展現出來。我的心不全然只是在思考一張風景畫和我心靈產生的互動而已，我同時在思考如何延續20世紀上半葉畫家的使命：把真正有內涵的、不可取代的民族特質，譬如與西方風景畫截然不同的東方構圖、用筆、設色與氣韻等等帶入油畫的世界。

　　我現在還留著一張當時畫室的照片，那是兩扇木門上貼著「淵深魚樂，樹古禽來」的兩條對聯，也許我的畫室空間、我的閱讀寫作與創作的方式，都是試圖著指出我的情調與願望，我希望古為今用、緩慢悠遠，我希望創新而不膚淺、活得有深度。在一個快速流動、符號迅速出現又迅速被消費掉的年代，也許這是很不合時宜的；或者說，一張山水畫的訊息從來都是最安靜最含蓄的，而在這個過於喧囂的年代，又有多少人能瞭解一位畫家在90年代曾經安安靜靜的讀過那些無用之書、畫過那些淡如雲煙的畫的意義呢？

　　因為我自己命運的轉折所帶來的畫風上的轉變，以及這格格不入的時代背景的因素，《城南對》中的畫作與文字就像時空膠囊一樣，定著了我當時的不能重來的狀態。經歷了現實生活的許多變化與肉搏戰似的創作了「家族故事」的階段之後，我回顧

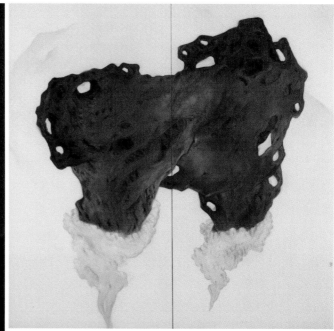

林銓居　胸中塊壘之一　油彩、畫布　128×50cm　2008　私人收藏
（左圖）
林銓居　胸中塊壘之五　油彩、畫布　200×200cm　2008　私人收藏
（上圖）

2000年以前的生活，覺得它自成一格、自足自樂。也
因此我特別感念當時清華大學藝術中心的洪麗珠老師
和鄢繼嬪、靜宜大學藝術中心的林田富主任等人，他
們幾次來探訪我的畫室，為我的展覽與畫冊催生，他
們證明了山水畫仍有一些特殊的知音，以及被這個時
代珍視的必要。這兩個展覽是我生命中極為珍貴的創
作紀念碑。

**林銓居**

1963年生，台北縣人。文化大學美術系畢業、北京中國藝術研究院美術研究所肄業、美國Goddard
College跨領域藝術研究所畢業，是台灣少擁有跨領域藝術學位的藝術家。曾任職《典藏藝術雜誌》執
行編輯，曾兼任東海大學美術系、台南藝術學院建築研究所助理教授。專職畫家，以寫作、書法、閱
讀、聽琴遣興，曾獲華航旅行文學獎優等獎與台北文學獎散文首獎。在美加、中國與台灣等地舉辦過
十六次個人畫展與數十次聯展，出版散文集、畫家評傳與畫冊八種。林銓居於1999年受邀於清大藝術
中心展出「清音與新韻──林銓居的山水歷程」。他將質樸無華的農家特性融入創作之中，無論是水
墨、書法、行為藝術均能適切且恰如其份的揭示其創作理念。〈晴耕雨讀〉是膾炙人口之作，在繁華
大台北鬧區中陶然忘我的種稻、讀書、寫字，讓我們省思自古以來人與自然界相依相伴美好而緊密的
關係。（執編撰文）

# 從我的「第一張」公共藝術談起
## 不是偶然，而是必然

文·圖/ **池農深**

　　九一一發生時，我的畫室座落在哈德遜河對岸的澤西市，一個廢棄的香菸工廠。它建於1902年，全建築用紅色老磚密密實實的延著哈德遜河不遠的地方蓋成，裡頭駐進了四百多位藝術家。

　　那時我正準備次年的展覽，香菸工廠裡的畫室僅50多坪，畫大畫還是很拘限。徵得鄰棟大樓主人Bob Lehere的支持，他把第六層原為製線工廠廠房借我當畫室。我與工人花了一星期的時間將其清乾淨，4萬多坪方呎的大畫室大到可以打棒球，就這樣一個人在那層樓裡畫了七、八個月，一直到了九一一發生後的第二個月，大樓成了對岸疏散物資的儲備處，Bob將畫室收回。卻因為這個機緣，我在短短十個月完成了九張大畫，

池農深　黃色休息站在Morgan building（左圖）
池農深　紐沃克公共藝術─小男孩學打坐　2001（右圖）

尤其是最後的兩幅題名〈蕭湘水雲〉又名〈天祭〉，英文叫 "Contract"。

　　那時澤西市人心惶惶，每天面對一直在冒煙如廢墟一般的世貿原址，吹西北風時，藝術家們還會爭相告誡「關上窗子，不要讓煙吹進屋來。」霎時，原本疏離獨立自主的世界，變得像小村落一樣，大家互相關心彼此的生活起居了。

　　我則數算著Bob給我三個月搬離的期限，每天一早就到大樓裡畫得昏天地暗，尤其那最後三個月，有點不眠不休地畫，就像九一一對我的影響不存在似的。事後回想其實不然，是太震撼了，一心想把這親睹的事件記錄下來，畫中的十六根一刷到底的火柱從天而降，當時身在其中根本不自覺為何如此做。

池農深　天祭　蛋彩於帆布上　75×200inch　2001（上圖）
池農深　兩張有關911的畫作　蛋彩於帆布上　每幅78×96inch　2001-2002（下圖）

　　記得開始進到那樓裡，計畫中是要畫一系列有關河流的畫，因為之前喜歡上兩樣很奢侈的嗜好──急流泛舟（Kayaking）與古琴。對泛舟的激情與心得，想用一種色彩與意象的方式傳達出來，每天帶著各種不同版本的流水、幽蘭、蕭湘水雲的樂曲，在畫室裡反覆聽著。

　　倘佯在不同時空的河流裡，古人的、自己的，在那偌大的畫室裡交錯。

Film & Public Art

0168

911 Liberty Park, NJ

九一一以後發現聽不下古琴曲了。每天望出去就是對岸冒著黑煙，不見了的世貿大樓，偶爾還會浮現事發當日一船船從對岸逃出來的臉面……我要畫什麼樣的河流呢？自問？

那時我已開始修習打坐，一位功友送我一卷「普度濟世」的樂曲。第一回開始聽時覺得一種悲壯與滄涼，在4萬平方呎大的畫室裡聽，不再感到孤寂，反而增添了一種力量，伴隨著兩幅185×500cm大的從畫〈蕭湘水雲〉變成〈天祭〉，在短短的兩三個月內一氣呵成，完成了。次年在喜雀區畫廊展出時，畫廊還特別為此畫搭建了兩面牆，模擬兩河交相會流的空間。

2003年底，新澤西州徵選在澤西市的自由公園蓋建九一一紀念碑，建築師友人安德列斯用此畫作為藍圖，用數學換算在建地上用一百六十根柱子作為紀念碑的主軸矗立在自由公園上。此競圖最後雖未成為首選，但是在整個藝術家與建築師跨領域的合作關係上，讓我體驗了公共藝術的嚴肅性。對我來說，從「一張公共藝術」到後來的「黃色休息站」在不同的城市與美術館建構，這張畫做了開端，我對互動性藝術（interactive art）的投入與認同也逐漸增加。而這些啟蒙，卻是來自2000年12月在清大的一場裝置開始。

### 「裝置藝術也是公共藝術的一種」

2000至2001年受邀在清大藝文中心展出「2B時間」，是一個屬於裝置展的性質，這批作品曾經部分在萊茵河畔的維多利亞式的藝術家火車、柏林老酒廠改建的畫廊，以及紐約冷冰極簡的喜雀區畫廊展出過。

而當時看到清大藝文中心很人文氣息的展覽空間，還是有點傻了，怎樣佈置呢？在此我學到一件珍貴的功課——策展人在現代藝術中所起的作用。當藝術家完成了他私密的創作行為後，交予畫廊公眾地展出，其作品已是一件半公共的藝術了，尤其是裝置性的藝術，策展人的解讀與角度影響著藝術家的作品。除非藝術家自己策展。但我以為現代藝術比較有趣的部分，也是藝術家與策展單位之間的關係與合作。當清大藝中方面由策展人賴小秋老師負責策展帶領著學生們完成了佈置，我第一次享受自己的畫展，卻是一個旁觀者的樂趣。

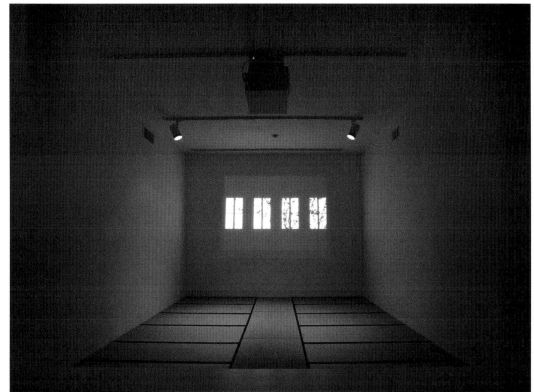

911紀念碑公園　2004（左頁左圖）　世貿大樓-1　2001（左頁右圖）
池農深　黃色休息站影像3　2004（上圖）　池農深　黃色休息站影像1　2004（下左圖）
池農深　黃色休息站影像2、4　2004（右下二圖）

　　走筆至此，讓我想到費城美術館有幾件杜象的裝置作品，據知那是館方根據一些杜象的手稿資料拼湊起來的裝置作品。至於到底是否真的是杜象的作品，誰知道？反正裝置觀念藝術都是他搞出來的，違背了他原意也沒法子了。

觀眾留言（皇后美術館） 2004

　　還有一個有趣的例子，是美國在歐洲成名的藝術家Bruce Nauman。我看過他在法蘭克福現代美術館的回顧展，全展看完後可以了解這個藝術家在想什麼、重點是什麼，非常學院式的展現，不知是策展人的功勞還是他本人的功力與監工極致。幾年後，同樣的東西轉到未修建之前的紐約現代美術館，不知是空間還是策展人的關係，同一個回顧展，擺放出來的概念變得如此弱，他強有力的用動物馬匹隱喻的暴力心理學，放在MoMA，成了無病呻吟可笑的馬戲團一般，與當初在法蘭克福看到的立意強度絕然不同！這或許也是他在歐洲總是受歡迎，在美國卻不然的原因，或許美國人不需要他。

　　裝置、互動藝術或公共藝術也好，其出發點都是不想獨樂樂，從對人的觀察與理解出發，他不論呈現出來的形式是搞笑還是顛覆，若沒有一個關懷存在也就不會多事了。

　　基本上，公共藝術以人為本，觀照的是人的環境與生活。藝術家的心靈活動緊繞著所針對的彼方而做而息。

　　當藝術家從私密的畫室走出來想與人互動，並且在互動中創造出一種作品，這是現代藝術給予藝術家的一種解放，同時也可以說藝術家放棄了他原有得天獨厚的專屬特權。

　　雖然藝術的定義是隨著時代遷移不斷在變更，但是繪畫的本質不會變。繪畫就是繪

畫，而公共藝術，觀其名，即為群眾而做的藝術。

## 黃色休息站

2001年9月15日，也是九一一剛發生過的四天，紐沃克市已策劃了近一年的公共藝術節在市中心舉行。原本打算取消，最後市府決定還是照常舉行。我的〈黃色休息站〉被邀參加。

已在主辦單位蘇美藝術中心（Sumei Art Center）編織了兩週的大草蓆，用貨車搬至紐沃克的大廣場。之前受邀藝術家在劃分區塊時，我也不知哪來的雄心，我說我要在大廣場蓋一個亭子，放一個大草蓆讓大家來打坐。當時九一一並未發生，天天還躲在大樓裡畫大畫。

出畫室，還帶著豪氣吧。當我們把蓆子鋪好草墩排好，開始放音樂時，被四周的重金屬音樂蓋住了，但很快地，我們安靜的打坐吸引了周遭的人，尤其是孩子，一個個跑進來說他們想學打坐！記得有一個黑人女孩，在蓆子上學了三小時，真令人感動。打坐原本就是眾多古老民族修習的一種方式。很奇怪的，慢慢地周遭的音樂逐漸小聲下來，我們的音樂反而悠揚，一次又一次反覆播放著，似乎在平撫著人們九一一的傷痛，效果出人意料且順暢寧靜地進行著。那種成就感與在畫廊裡展出是如此的不一樣！我終於體會公共互動藝術的意義。

後來這件作品被邀到皇后美術館，我將草蓆改成榻榻米，特別訂製的尺寸，並且與地鐵的影片相配合，至此這件作品可以說其形式更完整了。展出三個月，收到八百多張字條，有的是好長的信。唸那些信時，會讓人有一種當藝術家雖然辛苦也值得的踏實感。

回想從清大藝文中心的裝置展出，到九一一發生後畫的那張畫，〈黃色休息站〉，似乎他們的發生不是偶然，而是一種必然性。（2009.8.3於紐約）

**池農深**

旅歐、旅美資深藝術家，目前定居美國。創作的媒材廣及各方面，版畫、油彩、壓克力、裝置藝術、複合媒材等類作品，2004年開始更將觸角深及大型舞台設計。澤西市雙年展（JCAT2000）中，她裝置了一件十分有趣的作品叫做〈黃色休息站〉（Yellow Rest Station），在空間中用厚實的草編織成毯子，邀請觀者入內打坐；休息站上有位站長，可教授打坐。這件作品充分反映出她對精神領域，形而上層次的涵義；極富禪意、宗教哲學的作品，使來訪者融入她的精神領域中，融入那靜謐、樸實、超我、超物的化外之旅。這正是池農深一直探索的精神——人與周遭人、事、物自然精神相契合，這主題相信會在她未來的新作中一再昇華成形。（執編撰文）

# 流移/認同/望向彼方
## 亞洲新娘之歌三部曲

文・圖/ **侯淑姿**

　　2004年間清大藝文中心負責策展的賴小秋老師邀約我到清大展覽[1]，如今回首，她可說是個人由2005至2009年的亞洲新娘之歌系列作品的重要推手之一。個人深深感受到賴老師對於該次展覽籌劃的用心，除了事前的準備與溝通鉅細靡遺，志工媽媽與校內

侯淑姿　貴孝與小孩　100×100cm　數位影像輸出　2005　屏東縣高樹鄉（本頁圖）

師生的參與互動亦是可圈可點，而為了擴大展覽的面向，更與交通大學、中央大學與陽明大學共同舉辦了「2005年第三屆台灣聯合大學系統藝術節」，使展覽有了更高的能見度。

　　由於上帝的美意，我於2004年南下高雄教書。人生有如開啟了全然不同的新的樂章。一門「田野調查」課程把我帶向更南更遠的境域，為了調查美濃著名的紙傘技藝，我帶著學生一次又一次的造訪美濃鎮及其他南部鄉鎮，每每在田野鄉間看到斗大的招牌，上面寫著：「越南新娘，十八萬，包處女，可退貨」之類的字眼，第一次看到這些觸目驚心的文字，問號不斷浮現，使「外籍新娘」的存在成為隱藏心中極欲探究的課題。然而如同打開了潘朵拉的盒子，這個課題探問著人存在的終極價值，使我有不可承受之輕的喟嘆。外籍新娘們無奈哀怨的眼神深深地鏤刻在我的腦海中，當我追問欲多，

我本來住在離胡志明市差不多一個多小時左右的地方，有人帶我先生到越南相親，介紹我們認識，我來台灣已經四年多，快五年了。我原本不認識紅祝，嫁來這裡才認識。我和紅祝是高樹的第二、三個外籍新娘。
我從前在越南做衣服啊、賣豆腐。來以前就知道他們家裡種田。
台灣比越南進步，到處都有柏油馬路，我們那裡下雨路都不能走。

我們的生活很單純，田裡有工作就去做，田裡沒工作就去幫忙人家做啊，
晚上上課之後就回來了，很少出去找朋友還是出去外面玩。
我們家不喜歡讓我們出去外面工作，就是田裡有工作就做啊，
要去上班他們就不同意。專心帶小孩和種田就好了。

來台灣之後才學中文，我在越南唸到七年級，在這裡才唸到第二年。我們在這邊生活，可是字都看不懂，都很難。現在稍微好一點了啦。這裡的生活與越南沒有什麼不同，只有吃的不太一樣而已，我們那邊比較鹹，這邊比較淡。

我媽媽有來過兩個月，她來幫忙照顧小孩。
我先生對我很好，他不會罵我。
我偶爾教小孩唱越南歌、講越南話，
剛來的時候常想家，慢慢的有小孩啊，
比較沒有時間想了。
有時我們去工作會覺得台灣人對越南人
有些歧視，常常會故意欺負我們，
講一些我們聽不懂的。

我最大的期望是希望小孩長大啊，
會讀書，會孝順我們，就夠了。
很怕以後小孩長大很難教啊，因為他媽媽是外國人。
我也希望我爸爸能讓我們自己做事。
小孩越來越大，還要讀書要花很多錢，
都沒有自己的錢。
不過家裡錢夠用、沒有欠人家的錢就好了。
有啦也有欠人家錢啦，娶媳婦回來，
要幫忙賺錢還人家。
過生活啊，有飯吃就可以啦。

「越界與流移亞洲新娘之歌」侯淑姿攝影展四校記者會

那喟嘆聲彷彿愈漫長不止。

作品的開展是在2005年的8月，透過屏東縣外配中心蔡順柔主任的介紹，見到了住在屏東市的洪生嬌（來自越南同奈省）、高樹的何靜雯（來自越南胡志明市）、陳貴孝（來自越南西寧省）、紅祝（來自越南茶榮省）及長治的黎雪姮（來自越南永隆省），之後不久又在屏東外配中心與南洋姐妹會的聯誼活動中與住在美濃的外籍姐妹有了第一次的相遇，見到了王美香（來自越南同奈省）、蘇科雅（來自柬埔寨）、娟舒結（來自柬埔寨）、黎雪玲（來自印尼雅加達）、江容珍（來自泰國曼谷）。訪問與拍攝則陸續於2005年的8至10月間完成。「越界與流移—亞洲新娘之歌（Ⅰ）」系列作品旨在探討這些飄洋過海，離鄉背景遠嫁台灣的亞洲新娘與號稱「新台灣之子」的外配的子女究竟面對的是什麼樣的處境？相對於她們來台灣前所抱持的無限憧憬，往往心酸、無奈、焦慮代替了對美好生活的期待，她們甚至發出對次等待遇的抗議與悲鳴。

2008年的作品「越界與認同—亞洲新娘之歌（Ⅱ）」除延續原先所訪問的外配之外，也另訪了越南薄寮的黃氏戀與越南永隆省的阮氏識二人，探討這幾位外籍配偶在台灣的適應狀況與身份及文化的認同。個人在與她們的對話間，認知到飄洋過海遠嫁台灣的這件事對她們的生命所帶來的改變與衝擊，在跨越地理的邊界的同時，她們也在不同文化的交疊處流移。大量東南亞外籍配偶的移入，形成了台灣新一代的多種族色彩，然而外籍配偶的母國文化卻在父權體制與台灣文化優越論的基調下，隱晦而蒼白；第二系列更深入探討這些外籍配偶及其子女，隨著時間的推移，對台灣文化的認同及與母國的連結狀態。外籍配偶由東南亞嫁至台灣，經歷了一個身份重構的過程，異國的婚姻、不對等的經濟關係往往造成與母國及家鄉的隔離與斷裂，然而，她們卻奮力積極融入台灣，譜出了一首首動人的生命之歌。第二系列作品於2008年5月發表於高苑科技大學的藝文中心[2]。

戰地記者羅柏·卡帕（Robert Capa）有句經典名言：「如果你拍得不夠好，那是你離火線不夠近」，當我訪問外籍配偶時，總覺得有如隔著一層毛玻璃看她們，對於她們口中的家鄉實在難以想像與理解，除了電影中越戰的圖像與美味的越南菜餚，我無法在腦海中構築她們所描述的美好家鄉。但我屢次告訴自己，我必需設法穿越那

侯淑姿　紅祝與小孩　100×100cm　數位影像輸出　2005　屏東縣高樹鄉（上二圖）

侯淑姿　雪姮與小孩　100×100cm　數位影像輸出　2005　屏東縣長治鄉（上二圖）

層毛玻璃，必需靠近那火線。這火線並非戰爭，而是一個個將女兒遠嫁台灣追尋夢中幸福的外配的原生家庭。每一次的訪問，便加深我對這個課題的探究之心。而一切也都在2008年8月抵達越南之後，人、事、物都鮮活起來了。靜雯口中的妹妹、阿勇叨唸的爸爸媽媽、生嬌日夜牽掛的亡友小翠的媽媽、阿戀所不能忘懷的家鄉的河流等等。緣於亞洲文化協會的獎助，我得以探視了過去三年所曾訪問的外配姊妹們的原生家庭，造訪了分布於越南的胡志明市及南部的茶榮省、薄寮省、永隆省，西部的西寧省的七個外配姊妹的父母與家人。這次造訪的內容成為構築「望向彼方─亞洲新娘之歌（III）」的作品的主體，於2009年7月呈現於台北藝術大學的關渡美術館[3]。在尚未造訪越南之前，心

侯淑姿　科雅與小孩（A）　100×100cm　數位影像輸出　2005　高雄縣美濃鎮（左右頁圖）

中充滿種種疑問：越南果真是窮山惡水不養人嗎？而台灣對這些外籍配偶而言，可真是新天新地的好所在嗎？相對於台灣大量的對外籍新娘的負面報導，越南媒體又是如何看待「台灣新郎」呢？在2008年8月的短短三週的越南行期間，除了造訪外配姐妹的父母外，亦透過與學術機構、駐外單位、教會組織的聯繫，一一拼湊台越婚姻關係的圖像，試圖透過影像與錄像裝置的方式呈現台越婚姻中文化、階級的差異與困境的複雜議題。

　　對「外籍新娘」這個議題的探討，源於身為女性主義者對弱勢女性的存在的關切，在進行對話之前，我自問身為一個女性主義者應該如何與「她們」（外籍配偶）對話？就如黃孫權在文章中所指出的「該用什麼的方式來進行？什麼的方式可能避免代言、利用的困境？避免我們常見的對現代藝術的批評，以『自以為是』（art for art sake）的方

在管教小孩子方面，我時候我會反抗老人家的作法。
如果他們的作法是對的話我會跟哪，如果不對我不會跟哪。
比方說教小朋友吃飽飯馬上就去洗澡。
老人家會說我一輩子那麼老了，我就是這樣子，
我會說那是你的事。
對，以後小孩發生什麼事你不是跟他一輩子，
是我跟著他，我自己決定。

有些人對我會歧視，有些就不會啊，
但是要怎麼說，有的人比較用心、將心比心
就不會那樣對待我們，有些人是看不懂的，
自己也不知道搞不清楚狀況，比較會歧視別人。

我們國家以前和現在的狀況差太多了，
所以人家沒有辦法去了解為什麼我們國家會變成這樣。
我們國家是連穿的衣服一看都覺得美麗。
在這裡久了，連我先生都說，現在沒有人介紹我是邱太太，
都說他是科雅的先生。
我現在台灣朋友蠻多的，跟學校老師啊，上班族啊，都可以聊得起來，
哪一族都可以。
老人家就老人家，小朋友就小朋友，通通都可以。我已經拿到身份證了，
如果有錢多一點就可以帶錢回去柬埔寨發展，雖然那裡的錢賺得不多，
不過開銷比較小。

式再現。以及，我們必須面對當代藝術最壞的後現代性格，片斷性、重複的模擬，僅止於遊戲的嘲諷，那藝術如何可以介入文化背景不同的女人生活？向誰展示？何以需要展示？更嚴苛的挑戰，這只是另一個（another woman issue）有關女性議題的展覽？還是獨特的揭露（the woman issue）？」[4]

　　當作者面對來自東南亞國家的不同文化背景的女性，立即想起自己與她們相同的「向上」移動的經驗，在美國深造求學、在日本以藝術家身份進駐東京的Za Moca工作室等在異國為異鄉客的歲月，希冀雙方能有「互為主體」的可能性，即透過作者的發問與鼓動，建立一種類似口述歷史的發聲，在與外籍新娘的互動過程中，我刻意放下自己的身份與矜持，試圖理解與體驗她們生活，由受訪者的生命故事中觀照自我，在我與她

們交會/相遇中，自覺地在創作過程中不斷調整自己的位置與觀點，試圖反擊媒體建構的外配刻板圖像。

　　作品的第一個系列名為「越界與流移—亞洲新娘之歌（I）」，「越界」（Border-crossing）指的是地理疆界與文化差異的跨越，「流移」（diaspora）或譯為離散，本指被迫離開聖地家園、流亡，最終「離散」，遍及全球的猶太人，後廣為移民研究所用。[5]在20世紀之後，則有學者指出，「離散一詞可擴大為那些移出母國，而與原鄉還遙繫著『千絲萬縷衷懷』的族裔，例如，星散於各地的華人、希臘人，當然還有猶太人。……甚至進一步指出，離散人所擁抱的不只一個以上的歷史、一個以上的時空，以及一個以上的過去與現在，還歸屬於此間與他地，又背負著遠離原鄉與社會的痛苦，成為異地的圈外人，而淹沒在無法克服的記憶裏，苦嚐失去與別離。」因此，流移（離散）一詞做為作品的名稱，實有其深刻的意涵。第二系列的作品「越界與認同—亞洲新娘之歌（II）」則是希望探究外籍新娘的主體身份的多元認同。第三系列的作品「望向彼方—亞洲新娘之歌（II）」的標題來自一個真實故事，故事的女主角在她的床頭貼著一張河流的照片，她的台灣夫婿某天終於按捺不住地質問她，為何將一張河流的照片貼在「他們」的床頭，而那正是這位姐妹朝思暮想的家鄉的湄公河，她的先生的反應是：就是那條又髒又臭的河流嗎？，當我知道這個故事之後，甚有所感，因此將第三系列命名為「望向彼方—亞洲新娘之歌（III）」。

「越界與流移亞洲新娘之歌」侯淑姿攝影展展覽現場（本頁圖）

　　「亞洲新娘之歌（I-III）」的攝影作品以三個時間階段的個別外籍配偶的人物影像誌、在文本與影像交錯運用的形式下以產生內部的張力，兩兩並置的照片呈現了外籍配偶的多元的樣貌與聲音，探索複雜的外籍配偶在台灣的社會處境與身份認同。在圖像與文字的交錯並置中，浮現出來自不同國家的外籍配偶的故事與意象。不同的第一人稱的主體敘事文本，試圖以簡約的文字構築一種片斷的、不連貫的表白與觀點。在觀看過程中，觀者未必會清楚知道故事的全貌，然而卻可清楚看到不同的生命經驗與觀點。雙幅並置的作品中，以數位影像處理過後的非真實色彩再現的影像象

紅祝嫁了人，
就得一輩子跟著她的老公，
我們總會老會死，
她得顧好自己的將來。

我們還有一個女兒沒嫁人，
她自己的婚姻大事，
讓他自己決定就好，
如果他想要留在越南或是嫁到外國，
都讓她自己決定。

如果嫁到台灣，有了紅祝可以照應，
更不用擔心。
聽說嫁到台灣的只有一小部份不好，
大多數是好的。

淑姿　紅祝的媽媽與妹妹　100×100cm　數位影像輸出　2009　越南茶榮省（上二圖）

徵著說話主體的內心告白與發聲，與真實影像的主體相互對照。作者由她們的口述故事的記錄加以敘述編輯、刪減，以第一人稱的文字敘述構成了每一個人的生命故事的文字書寫，觀眾經由觀看/閱讀/理解作品，而她們的面容也透過影像的再現而被看見。

## 侯淑姿

台大哲學系畢業，美國Rochester Institute of Technology影像藝術碩士，現任國立高雄大學傳統工藝與創意設計學系專任助理教授，曾任台北市文化局研究員、輔大、台藝大講師，作品曾於台灣、日本、香港、中國大陸、美國、英國、義大利、維也納展出。侯淑姿為知名中生代影像藝術家，作品探討自我、性別認同、身份認同、第三世界的女性勞工等議題，深具社會批判性。近作以「亞洲新娘」為題，深入探索這些新移民的處境，正視其自我意識與身份認同的課題。2005年秋冬之際於清大藝術中心展出「越界與流移‧亞洲新娘之歌」侯淑姿攝影展。

註

1. 「越界與流移──亞洲新娘之歌(I)─侯淑姿攝影展」於清華大學藝術中心展出，展期為2005年10月31日至11月24日，該展亦為2005年第三屆台灣聯合大學系統藝術節的展場之一。
2. 「越界與流移──亞洲新娘之歌(II)─侯淑姿個展」於高苑科技大學高苑藝文中心展出，展期為2008年5月7日至5月30日，開幕當天的座談會之主持人為李俊賢老師，與談人為侯淑姿、張元茜、邱琡雯、蔣伯欣，現場討論熱烈。
3. 「望向彼方──亞洲新娘之歌(III)─侯淑姿個展」於台北藝術大學的關渡美術館展出，展期為2009年7月29日至9月20日，台新基金會配合展覽所辦的論壇則是以「探討台越婚姻關係圖像」為題，主持人為黃孫權老師，與談人為侯淑姿、李俊賢老師、邱琡雯老師、黃建宏老師。
4. 黃孫權，〈夫/家/國間的女人們─當女性主義者遇到「她者」的對話〉（未發表，2008）
5. 同註4，p.58。林鎮山，〈漂泊與放逐─陳映真60年代小說中的離散思潮與敘述策略〉，《離散‧家國‧敘述─當代台灣小說論述》，前衛出版社，2006，pp.73-74，林鎮山引用Alexander Kitroeff的理論所鋪陳出的概念。

# 雄渾的底蘊

文・圖/ **盧怡仲**

## 思潮

　　「科技來自於人性，藝術來自於生活」；這個務實的思維，伴隨著我們這個務實的民族，走過了百多年的歲月，也迎合了眾多俗世的心裡。但曾幾何時，科技與藝術的進展不再拘限於普羅標題式的範疇而理知而純粹化了。

盧怡仲　紅几　血書，木框，強化玻璃，鋁合金支架及腳架
48×120×43cm　2001-09

　　上個世紀初期科技與藝術的突飛猛進，超過了之前的幾個世紀，新時代的標竿指向了「新」與「變」，在現代主義文明的大旗下，人們不再歌頌舊有觀念的強化者，而是望眼在「進步」與「前衛」的衝鋒勇士之上；當然，奠基並固守於人格規範的華夏文明，自然而然地從現代文明舞台上謝幕了。

　　不過物換星移的1980年代「後現代」又喚醒了沉靜多時的人性回響；人本主義再次抬頭，調整了現代精神中的絕對性，人性中的感念在在重新鋪回文明走向的基石，同時也鼓舞了文藝工作者的熱忱與信念。

盧怡仲2009年於台北市立美術館「叛離異象」聯展作品

## 時代

　　我們已經許久不以「21世紀是中國人的世紀」這句話來聊以自慰，雖然是因為裡頭那個中國人越來越沒了台灣味，但台灣人終究還是得往前看——思索並行動於未來中華新文化的必然且確定的位置。

　　所幸的，海峽兩岸密集交往的二十多年以來，每個台灣人都會發現，文化大革命長達十年的文化傷害，讓大陸人忘卻或者是喪失了許許多多原有的優良文化素質，而這些還保留在台灣人文內蘊裡的寶貝，亦將是台灣面向未來安身立命的根本與價值。

## 背景

　　「清華」之名，來自1909年清惇親王賜園之原稱，由留美學人前置學堂逐步建置成國立高等學府（1928）。1949年國民政府遷台之後「雙胞胎」現象充斥於海峽兩岸；自始「對應」的人文檢視即自然地形成了兩地標示性的不同特質。

　　「清華」意喻著故土深幽的院落，曾負載過遊學西方現代學術之重責，它隨著中國近代社會史演變歷程的蘊積，以至「清華」在人文上的意涵是不能等同於一般其他優秀的、尖端的科技大學。

盧怡仲　2009年國立台灣美術館個展「華夏悲憫」現場（上二圖）

　　也因為它是國內第一個設置「藝術中心」的大學學府，其彰顯「人文」在科技學子塑建中的重要，從展覽硬體規劃及藝術中心各藝文軟體活動內容來看，「清華」的學術專業精神昭然若揭，更是遠遠地超越了其他以宣傳務實為尚的一般學府了。

## 畫展

　　筆者在經營創作架構之氛圍與氣質中，早早即把「清華」列為不可或缺的因子，並且設定為學術型態主題展的內容呈現——一個陽剛與陰韌相互對立的雄渾，展演在自由

盧怡仲　「雄渾—盧怡仲個展」一景　2009於清大藝中展場

開放又深沉敦厚的學風之中。

　　筆者刻意把廿年前的「石器」系列，對照在廿年後的「爆發」系列中，優游、深邃、冥思的隱喻對應著狂放、粗獷、樸質的浪漫。碩大的石器造形內斂在多重媒材的克制裡，透過翡翠色綠的鋪陳，沉靜、幽玄地述說著故土之思和原鄉之念；而高厚肌理的增厚劑承載著古文物、史蹟中蘊藏著的民族情懷，原來火山爆發俗世的恐怖全然擴散為情緒的抒發、心思的飛舞與美學形式大色面的東方語意。

## 理念

　　「痕蘊」的開發與確定，是作者自2005年以來進行「浪漫」創作階段的形式重心。在繪畫性的文化情感表達上，作者不同於1960年代台灣現代形貌中水墨材質鎖定的立論，亦不走向大陸材質轉向及材質標示或區域圖示的探索路途。而是從根本上筆觸應合肌理建構的紋飾中，闡述我們長遠經年血脈中蘊積著的痕跡紋飾之美，我們耳濡目染早自六、七千年前，遠古新石器時代具以形貌、紋飾精彩的文物之美，我們更親身接觸體驗到華夏歷史中各個古蹟蘊藏著的痕跡之美。

　　「痕蘊」的探索並非西洋美術制式繪畫性訓練中的西方美感，而是在達成意念、內容的根本技術上提出美的不同解析，意欲完成由元素效應達到質變的感念，進而導至文化層級的探究。我們總是迷惑在西方現代或前衛的創新形式中，殊不知形式、樣貌、結構的創新，是構築在基礎繪畫性的新與變之上。

　　也就是說，在未來華夏新文化建構的整體中，是應該有人在細螺絲、小零件的深入研究與執著地琢磨，才有可能運轉順暢與步步踏實。

盧怡仲 「雄渾—盧怡仲個展」藝術家面對面講座 2009（上圖）
盧怡仲 「雄渾—盧怡仲個展」一景 2009於清大藝中展場（右頁二圖）

## 雄渾的底蘊

「雄渾」是筆者2009年於清華大學藝術中心發表個展的主題，也是作者衷心期盼台灣人文具有的氣魄與格局，更是對應著兼具傳統優質人文素養和當下尖端科技專研的「清華」。

展期中溫文儒雅的劉瑞華主任，精準專業的賴小秋策展人，以及藝術中心工作同仁們，帶給筆者如沐春風的展念至今猶深；尤其是同學們觀後報告的表現，令人驚訝！他們十足證明了廿年藝術中心步步踏實的努力，著實深植在清華人的內蘊之中。

雄渾的底蘊在人文素質中沉澱、發酵，在學子氣質裡蘊積、深化，它雖暫處於島嶼文化內涵的隱地，但終會有揚眉吐出磅礴海洋文化契機的一天。

## 結語

「發言張力的確立，是自我存在的開始」觀點是作者多年來一致的信念。

以社會性議題為創作重心的藝術家，當然是以身處時空深刻感念的提列做為創作的標的。

藝術是作者的手段，也是武器，它更是自許為這一代知識份子完成自我的標竿。
（2009.7.21）

**盧怡仲**

2006年於清大藝中「離心聚合」聯展展出，2008年展出「雄渾」個展。他是一位很清楚藝術創作方向的藝術家，曾說：「一位藝術家自己要清楚在不同的時間，在這個社會裡面，所扮演的位置、任務、角色等都要清楚，處之泰然。」因此，就算是沒有獲得藝術市場青睞的時機，他還是沉潛於創作。早在1982年驚覺個人生活藝術精神層面的貧乏，丟下優渥的學院式教畫收入，他投入現代藝術創作的不歸路。他洞察先機、運籌帷幄開風氣之先與志同道合之友先後創建過「101現代藝術群」、「台北畫派」、「悍圖社」。難能可貴的是他體認出自我在時代巨輪與藝術界中所要扮演的角色。「我一開始就要做美術史中的畫家，整個思考、重點都朝那個方向走來。」這點他做到了，「台灣新繪畫」階段的創作目前已廣為北中南公私立美術館收藏。（**執編撰文**）

# 別人的空間

文‧圖/ 陳崑鋒

　　藝術家對於所在的創作空間皆有種獨特的想法及情感，而一個符合藝術家期許的工作室，對於藝術家的創作發展則產生巨大的影響，藝術家的作品製造處可能超越了與家的關係，甚至與家融合為一體，也因為工作室之於藝術家的特殊關係，個人在美國期間也曾展開關於工作室的創作計畫——「工作室開放」（Open Studio）。

## 藝術家vs.工作室

　　「工作室開放」以攝影拼貼加上繪畫的製作方式，來記錄因工作室遷移而產生的個人與工作室之間的關係，是以每當轉換環境之後，就會製作一系列對於上一間工作室的省思紀錄，就像製作紀念品般，很多工作室裡的作品其實是在彼時的當下才有其獨特性，這與放置在專業藝術空間裡的作品有著很大的落差，而「工作室開放」就將這種作品與工作室之間的複雜關係記錄下來形成很多片段記憶，該系列作品記錄了2000至2005年的工作室記憶，並陸續於一些藝文空間的聯展上發表，在別人的空間披露自己的隱密空間，成為藝術家亟欲進一步探究的議題，而這些藝文空間包含了位於新竹的清華大學藝文中心，「工作室開放」系列亦成為個人第一次與中心彼此認識的橋樑。

　　「工作室開放」作品展於2004年的聯展「空苞」，以六件作品開啟了與這個空間的初始對話，有別於替代空間或者是

陳崑鋒　Autumn of 2008　壓克力、畫布　72×100cm　2008（左頁圖）
陳崑鋒　候機室　壓克力、畫布　112×145cm　2008（上圖）

其他種類的藝術空間，隸屬於學術機構的藝文中心是眾多展覽場所中最特別的一種，特殊的性質使得這類型的藝文中心能發揮一種「適當」與「強制性」的機能，它猶如學校的公關部門，成為藝術介入學校的公共關係推廣者，拉近了學校與社會的關係；在教育上，配合相關藝術課程提供學生與作品面對面的接觸機會，在這方面，清大藝術中心在藝文活動之教育推廣功能，可說是眾多學校藝文中心的良好典範，在展覽空間上，也成為許多藝術家眼中的理想展示空間。藝術家完成作品後並展示已成為一種固定模式中的必然結果，或許只是向大眾及社會顯示些微的自我存在感並尋求社會支持，也或許是作品真正完成的必經之路，唯有透過作品的公諸於世才算是一種結束。在自己的空間（工作室）完成了自我實現，理想與挑戰，在別人的空間裡尋找一絲的認同，為自己的作品尋找別人的空間成為一種模式，展場與工作室已變成一特殊關係的連續空間。

## 越界vs.城市結構思維

　　如果系列「工作室開放」是因為位置遷徙的關係產生的，那麼系列「越界」（Crossing Boundaries）則是在遷移的路途中由感而發，於2002年開始進行，以旅行作為

創作的原始概念，將自身記憶的感性地帶以繪畫來表現，最完整的一次呈現至2006年時才有機會，2006年的個展——「越界」成為再次與清大藝術中心接觸的契機。

　　有別於聯展，完整的個展不用協調空間配置問題，也無須擔心作品被擺放的位置，在這樣的機會下對於清大藝術中心有著更深刻的瞭解，這並非在於體制上運作的面向，而是感受到中心參與人員的共通想法，對於自己而言，不同的作品多次延伸至同一空間產生出極為不同的影響。自己的作品裡，以往受限於工作室空間關係，許多作品以分割再合併的製作方式進行，展覽作品〈I ♥ NYC〉更是在這樣的方式下進行，以城市景觀為主題的創作，由擋風玻璃前的景象變化所啟發的嘗試，它開啟了從城市邊緣看中心所觸發的趣味與思維，企圖利用都市邊陲的特殊性結構，表現出一種生活結構差異性，前景多為一種都市與郊區之過渡帶，這種過渡帶也因為地域的迴異而有迥然不同的互動關係。

## 作品vs.觀者對話

　　在清大藝術中心，這是工作人員與個人第一次看著它完整的被合併起來，並以適當的距離觀看完整的作品，像是一種完成的紀念儀式，別人的空間讓自己的作品有了更清晰的輪廓，藉著這樣的包裝欣賞到作品的最終樣式，並進而瞭解作品日後所衍生的種種可能性，此作品必須依靠這樣的方式而達成最後之形式，可以看到的是，如果在展覽空間裡才能暗示作品創作的結束，每件作品似乎都在進行不同過程的結束方式。

陳崑鋒　OS004　複合媒材　30×23cm　2001　私人收藏（左頁左圖）
陳崑鋒　OS040　複合媒材　30×23cm　2004　私人收藏（左頁右圖）
陳崑鋒　I ♥ TC　壓克力、畫布　100×200cm　2008　私人收藏（上圖）
陳崑鋒　I ♥ TCII　壓克力、畫布　100×200cm　2008（中圖）
陳崑鋒　I ♥ NYC　壓克力、畫布　100×480cm　2005（下圖）

　　「越界」的創作邏輯，在創作的軌跡中暗示了「何時可以停止」這樣的想法，顯示這樣的創作本質只是一個執行藝術家指令的手段，完全降低偶發的可能性，反映了與先前相反的創作觀念。延伸至作品本身外，以展覽來作為一種結束的想法而言，這樣的結束也暗示了與過去作品階段性的斷絕。有別於工作室裡，藝術家在展覽空間中進行包裝後的觀看與省思，透過作品與觀者的對話成為另一種創作契機，在清大藝術中心的展覽中，或許是觀者的特殊學習背景關係，與他們的對話總是發展為傾聽他人的故事，這非預期性的觀賞者互動交談，在會心的過程中關照了自身從未在作品中看到的一面，這一面除了倒映觀者生命的寫照，讓藝術家透過自己的作品來瞭解他人的生命進而有了一些想法。

　　或許是因為作品〈I ♥ NYC〉與觀者的關係聯想，在2008年聯展「牽廿──藝術聯展」第三次在藝術中心展出作品時，選擇了剛剛完成不久的作品〈I ♥ TC〉，作為完成後第一次的發表來呼應對先前的想法，這件作品延續了〈I ♥ NYC〉的思考向度，時空背景從處於異地的角色轉變成理所當然的在地角色，然而事實上在想法上卻是極度相反的，這種角色錯亂的狀況也就自然的反映在〈I ♥ TCII〉上，在地性之意念首次如此鮮明地出現在自己的作品裡，但作品中別人的空間與文化意識交錯的非現實感卻依然深植在自我矛盾的腦海中。

　　尋找別人的空間是檢視自身創作與瞭解他人的方法之一，然而在現實中它卻複雜了許多，有時尋找別人的空間猶如一種侵略與佔領行動，開疆闢土進而留下印記，但在清大藝文中心的空間裡，卻多了一種純粹的美好與生命，進而引發藝術家的浮想聯翩，為自己的創作思考添些不同之元素。

陳崑鋒於清大個展展場　2006（左右頁圖）

**陳崑鋒**

紐約大學藝術研究所畢業，現任朝陽科技大學視覺傳達設計系助理教授。清大「越界2006」展出陳崑鋒的主要個展脈絡階段之一。靈感或許僅萃取自過往某張畫作中的一小部分，卻能使其有更恢弘遼闊的內容呈現，所有的形體已經擴散越界成不規則的多重層次，層次的多寡與色塊寬窄取決於陳崑鋒主觀思維。陳崑鋒以壓克力描繪出都會的另類深沉意識與性格，色面的手繪層次處理正巧呈現遠觀時朦朧恍惚的遠景，近看時卻發現每個介面應有的顏色又是精準地凝聚於區塊之內，如同鏡頭伸縮時的遠與近、朦朧與清晰，建立起區塊介面間可伸縮的臨界面氛圍。整體如同許多小磁場架構而成大磁場，相融相應。（執編撰文）

# 經意與不經意之間

文·圖/ **姚克洪**

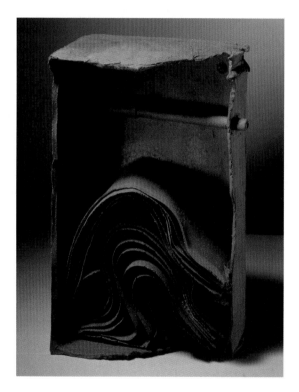

點一盞燈……如豆
遠遠你看得見
依稀熟識的在記憶中翻找
或者
驚異的笑了……還在哪
在這漆黑的黯裡

　　在這人間，每個人都在尋覓光……我們都渴望一種有光的感覺……和昆蟲一樣、趨光性。像昆蟲？嗯……這讓我想起昆蟲學家法布爾，他有個助手幫他做各式各樣的工具、比如蟲籠子。法布爾在助手的手心上畫圖並一邊解釋他的需求……然後這個眼睛全盲的助手就著黑暗中的圖形把它做出來……像一個一個小小雕塑的蟲籠子在腦海中的圖像……，像一絲一絲發光的線條正在編織著某種有機的事物。趨光性……、蟲籠子……生命無非如此。總是日常，有哀傷也總有驚喜。

## 意識著藝術的趨光性

　　1972年，我隻身北上進入藝術學校就讀，那是多年渴望的夢想。在那個年代，白色事件依然隱藏在似乎從沒有這回事的社會背後，也總是隱約的暗示著什麼。多年後回憶那令人覺得微微缺氧、有點呼吸困難的戒嚴年代……，那一個身處現代主義與東西冷戰氛圍、卻依然夾帶著浪漫主義餘緒的年輕藝術追求者，對於自由空氣的渴望，或者只是一點單純自我意識的微弱觸鬚，總是在不知不覺中擺動著。

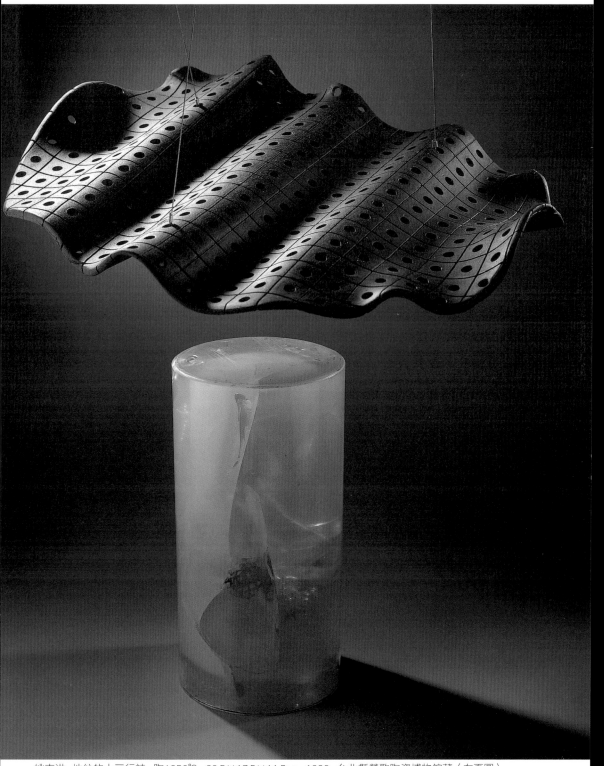

姚克洪　地紋的十三行詩　陶1250℃　29.5×17.5×11.5cm　1992　台北縣鶯歌陶瓷博物館藏（左頁圖）
姚克洪　在記憶的上空緩緩飛過　陶/樹脂1250℃　61×53×70cm　1998（上圖）

姚克洪　我喜歡這塊土地起風的日子　陶1250℃　24×18×48.5cm　1992（左圖）
姚克洪　陸塊飄流的傳說方向　陶1250℃　18×22×15cm　1922　國立台灣美術館藏（右圖）
姚克洪　暗夜清風與島嶼二三記事　陶1250℃/樹脂　21×7×31cm　2004（右頁圖）

　　然而藝術學校的環境其實並不令人滿意……，連色彩符碼象徵的定義都掌握在學校當局手中。唯一令人覺得幸運的是前輩藝術家的點滴風範在無形中默默接續著，脾氣暴躁豪邁的楊三郎、溫文儒雅的廖繼春、永遠有著清亮年少眼神的李梅樹、喝酒笑罵的張萬傳、寡言率直的洪瑞麟、冷言直擊的李石樵、認真誠懇的陳慧坤、難以言詮的李仲生……。說來慚愧，我沒有太認真的從他們身上學到藝術是什麼，至多至多僅是懵懂意識著他們的藝術是什麼。而那些模糊的意會就隨著歲月的消逝，隨著當年來自他們的隻字片語，或者一個不經意的身影，竟然成為後日我回溯串接那個時代藝術風貌的點點線頭，引領我微弱的觸鬚向外、趨光……。

## 站在現代藝術的浪潮裡

　　60年代的台灣藝壇隨著經濟發展而有某種繁榮的初始景象。以傳統水墨為自由中國文化象徵之外，隨著西方主流藝術思潮的衝擊，以及社會變遷的必然效應下，台北都會為核心的現代藝術風氣逐漸興起。這是鄉土文學二度論戰方興未艾，東方畫會與五月畫會之間的路線之爭的年代。現代藝術風尚的畫廊在台北中山北路、士林一帶與外商僑

民的地緣區域林立著……藝術家畫廊、長流、聚寶盆……東方水墨、現代風繪畫和雕塑、以迎合外人心目中的東方異國情調彼此雜杳。

位於士林天母之間的中山北路六段中十一街的虎居畫廊，由清華大學出身的藝評家、顧獻樑教授於自家成立。顧獻樑教授是1954年紐約「白馬社」創始成員，是胡適先生視為台灣、香港之外的「中國第三文藝中心」。編撰《中國五四運動史》」巨擘的周策縱教授則視白馬社為五四新詩史的重要章節。白馬社以探討新詩而結社，也隨著成員的背景延伸至其他藝術領域的探討。顧獻樑教授其後應聘清

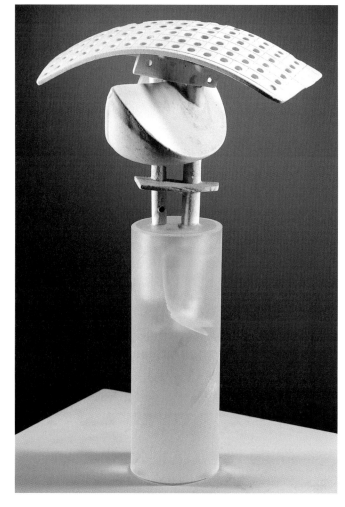

華大學任藝術顧問等職，並因此展開一段與台灣現代藝術發展的不解之緣。1974年傾，我有幸邂逅顧獻樑教授及顧夫人黃艷華女士。這機緣給我帶來一生不可承受之輕……。這樣說是因為與顧獻樑教授的接觸並不長，但他那無以遮蔽的理想、熱情與自信讓人難以忘懷。他的某些見解更成為我年輕時期自我型塑的基礎因子。至於我透過黃艷華女士首度接觸到的現代陶藝，更在爾後時光因緣中成為個人創作的主要媒材。

虎居畫廊中收藏展示著各式現代水墨字畫、油畫雕塑。席德進、徐述修、楊英風、于還素、陳其寬……。其中于還素的大幅長軸書法〈衣帶過江〉，筆勢飄逸氣勁。顧獻樑教授指著于還素的書法說著點滴心中對文化中國在台灣的玄思。當時影像在記憶中類化成「衣帶過江」的原始典故與台灣海峽二者混合的矛盾意像。于還素書法的磅礡身影，以及那種兩岸百年乖隔以致互不理解的歷史命運，如此深刻的烙印在不同省籍與族群之間。台灣海峽如此的變成「衣帶過江」的興歎……大時代兒女身處亂世，這是何等的舉目渺茫……。

姚克洪 無題 光音 紙本/炭筆粉彩 108×214cm 1989-1997

## 誠懇地點燃藝術明燈

　　提及顧獻樑教授，是因為清華大學於我的印象始於遙遠的清末庚子賠款史話，以及幼時清華核子反應爐郵票所聚形的理工意象。卻因為顧獻樑教授而轉變成一個有人文藝術氣息的學府；雖然清大藝術中心的成立，或者人文社會學院的擴系都是在近二十來年的事。這樣的印象於我並未有親身接觸印證的機會，直到2004年藝術中心舉辦了天母工作室回顧展。

　　天母工作室在70年代，台灣現代陶藝萌芽期，李亮一先生以一己私人之力，以開放的心胸、提供空間設備並引進國外技術與思維。因緣際會的影響了很多現今在陶藝界依然活躍的藝術家。天母工作室自由開放的風格，團契式的風氣讓人至今懷念。清大藝術中心看到一個被視為非主流藝術，卻隱含著重要縮影的時間樣本。邀集了李亮一先生及當年核心工作者的作品，甚至英年早逝的陳國能作品也包羅在內的齊聚一堂。藝術中心的用心專業與工作人員們的專注敬業讓我印象深刻。有別於一般商業畫廊的運作模式，清大藝術中心更讓人感受到學術與誠懇的氣質。

　　2008年底，我再度參加藝術中心舉辦的「天光流曳」展。一開始我對這個邀約是心存疑慮的。因為這是為視覺障礙藝術家所做的展覽，雖然藝術中心一開始就刻意避開視障藝術家的一般概念。而我其時並沒有意識到自己微弱的視力，會被歸類為視障藝術之林，我在自己工作與創作沒有感到阻礙，就像這個世界上有太多視力不良的人依然心智專一的在自己本業上有著傑出的成就。雖然我不特別，但可從沒意識到放棄……我沒有興趣在生命必然的殘缺上同意約定成俗。人一出生來到這個世界本來就帶著各式各樣的天殘。我們又如何去針對各種症狀，如殘障奧運般分門別類的舉辦藝術展覽或競賽？

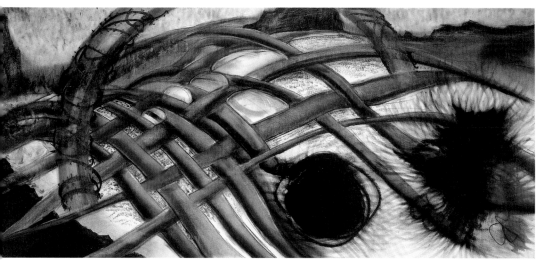

姚克洪　無題　織　紙本/炭精粉彩　108×232cm　1989-1995

　　經過數度溝通，藝術中心的誠懇打動了我。最重要的因素是：清華大學是國內大學中擁有最多盲生的大學。清大有著組織健全的盲友會，並且做了很多愛盲工作。同時清華學院打破科系藩籬、多元接觸的作法，都是這類展覽被設計的因素。這也讓我覺得參與這展覽對我與我不熟悉的盲生之間具有意義。為了「天光流曳」展，藝術中心特別與盲友會合作製作藝術家訪談錄音等導覽服務。義工們引領盲生觸摸、幫助理解同屬所謂視障者所做出來的作品。當藝術中心的老師高興的說：「……從來沒有走進藝術中心的盲生來『看』展覽了！」。這讓我真覺得很棒……我想念某些失落的率直與熱情。

　　藝術何價？跳開現實資本體系的操弄吧。藝術長久以來一直是心靈的有機觸媒，一直讓人世裡隨時的僵化與理所當然可以不當然。校園藝術中心於此對映，更顯出它的珍貴價值。每一項展出規劃的思考，每一個藝文展演的設計與推出，都意味著一種自主獨立的精神狀態，一種思考與眼界的向度與嘗試。學生如流水，數年來去匆匆。要有學子在他們短暫的學涯感染到某種理想之火的氛圍，並帶著絲絲人文的憧憬隨行於未來……，清大藝術中心就持續著點起一盞盞明滅的燈火。

**姚克洪**

畢業於國立藝專美術科，紐約市立大學市立學院藝術研究所。歷經：天母陶藝工作室助手及教師。亞東大學工業設計科專任講師。國立台灣美術館典藏委員。台灣陶藝網創設、陶訊主編。國立工藝研究所「陶大街」網站規畫執行。河洛半導體設計顧問。台灣陶藝聚落網站總編。2004年清大藝中展出「醉陶——天母陶藝工作室回顧與創新」，2008年參展「幽微天光・流曳」。姚克洪作品涵蓋自由揮灑與壯闊的藝術思維，陶塑一直是姚克洪專注的領域。作品〈說法（廣欽說沒事、臨終唸彌陀）〉黑色幽默的展現，延續自博物誌時期的創作，增添靈動的色彩。「弦月」不規則的陶體，萌芽出月形，陶體底部的隱約斑駁月形吐露出互古的文化，略微變形的大缽，內具兩道突出的三角形體，燻燒與素燒的技法共同烘托出素雅的寧靜，融合纖細與厚實的美感。近期〈可以不說話〉陶塑作品的渾厚胎體，厚實的力量不言而喻，充分體現陶藝厚實的內在深沉境界。（執編撰文）

# 機遇與創意
## 我和〈人間機關術 II〉於清大藝術中心

文・圖／**黃心健**

　　人世間諸多因緣俱足，才會出現難得的機遇，今天五月於清大藝術中心所展出的「人間機關術」，正是在此因緣際會下而舉辦促成。

## 科技藝術與人性角色

> 展覽，是一座無人的舞台，邀請不知情民眾的演出
> 晦澀布景尚未完工，所以只能用術語與藍圖取代
> 而壁上的劇本，是機關道具的一部分
> 勾引著閱讀，但拒絕被理解
> 觀眾的「看」，是一種表演，
> 但在世俗禮儀下，演員必須迴避彼此的目光，而錯過最細膩的演出
>
> 這裡充滿著閱讀一半的故事
> 未被理解，但被膜拜的術語
> 與手機訴說相聲的瓦舍演員
> 以藍圖形式存在的藝術創作
> 與張冠李戴的歷史劇本
>
> 而在陰暗的角落，
> 以古老京戲為節奏的巨大機械，緩緩打著拍子，與面具的主人相互凝視
> 所有錯打拍子的過失，則由術語重植人心，機關的權威

—— 引自2007人間機關術　創作理念

　　在20世紀的發展中，我們被帶領經過了工業革命與資本主義，而現今的社會正因為這些後遺症所引發的全球溫室效應、資源匱乏、戰爭暴力在衝擊中；人類在過去百年的發展中，著眼點一直都是繁榮、興盛、擴張、統治、發展與進步，其造成的結果，讓

黃心健　上海我能請你跳支舞嗎？　奧地利Linz展覽現場（本頁圖）

每個人埋首工作、汲汲營營，造成環境逐漸惡化，到處是團體對立，讓競爭掩蓋了合作。是故，在各領域的思維中逐漸以更具人性的氛圍開始發想，例如樂活、永續與設計的感性工程，而電動遊戲中亦開始講求互動與交流，而非只是操控。科技上，最熱門的概念股是太陽能發電與fuel cell等技術，預測在十年內，超省電的OLED面版，會取代掉所有的液晶面版；科技的走向，從以前的功能導向，逐漸轉換成為節能與永續，最近揭露的大陸女性首富，就是做回收紙生意的。而在男性為主的汽車市場，最先進最酷的車子不再是法拉利，而是油電混合的Hybrid動力車，這不但代表了先進的科技與設

計，還顯示了車主的智慧與跟世界的共生。在3C產品上，最拉風的莫過於iPhone，但是iPhone真正突破了什麼？它，有個很好用的介面！而這在十年前，強調產品功能的設計導向時，這是無法想像的事情（我仍然記得，我的第一個隨身聽，我很細心地數著按鈕的數目……）。或是最紅的遊戲機Wii，它勝出其他同型產品的，不是在遊戲本身的品質與精彩，而是將遊戲，轉為一個成功的社交場合。我一位朋友說道，以前他玩PS2或Xbox，他母親總是嫌他不務正業，但是，當他在玩Wii的時候，他母親居然主動地想要加入！而宮本茂自己也說，當初設計wii初想，就是想讓不玩電玩的太太，也會玩他設計的遊戲。這是為什麼呢？以前電玩狂人的刻板印象，是一個年輕男孩抓著遊戲機把手，眼裡只有螢幕，挑戰虛擬的怪物或是在遙遠的異世界冒險；而玩Wii的印象，則是一個群聚的場合，大家為彼此的遊戲表現加油歡呼，Wii，成為一種社交的催化劑，溝通的橋樑，而這種娛樂的方式，完全是出自人性關懷思考面的結果。

黃心健　靜止的聲音：Vox Capsule 停止的聲音（左右頁圖，上圖為細部）

## 新媒體藝術的亞洲觀點

　　2008至2009年，曾多次應北京服裝學院、中國科協、博物館協會等單位之邀請，到中國大陸參加當地的藝術或創意論壇。隨後，我與我自己的一些創作，也在北京798的展場與上海美術館等地巡迴展出。在這一年赴大陸展演與訪視的匆忙行程中，我開始與大陸學界有了頻繁的交流，結合上我對台北、北京、上海與日韓等地新媒體藝術發展的現狀，作了觀察與整理，提出我對於新媒體藝術在亞洲發展的一些觀點。

　　大凡新媒體藝術在該地域能否生根，有幾個關鍵性的因素：

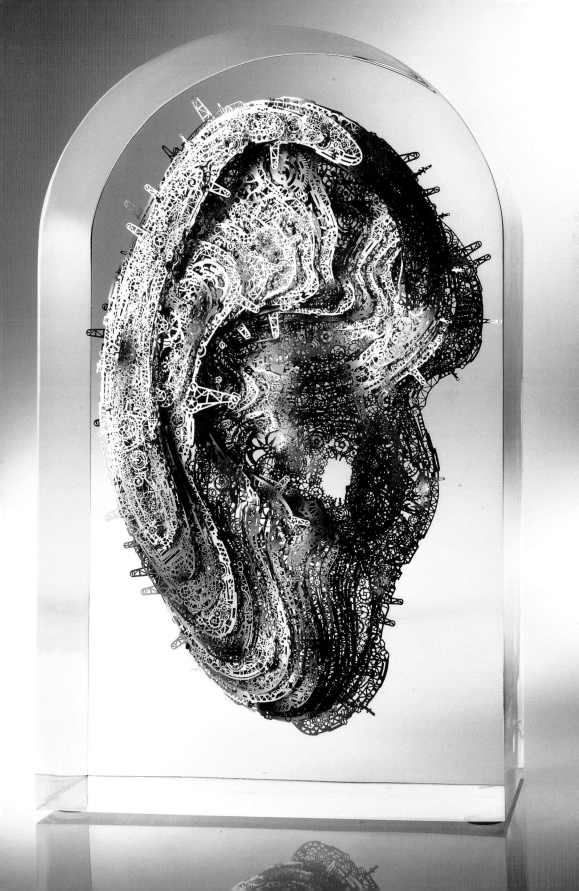

（1）網際網路縮小了世界的尺度，若該區域民眾有廣泛的科技數位生活體驗，例如：手機、電腦、網際網路、電玩、數位相機等，長期在生活上使用這些硬體與軟體，對他們產生影響後，才會對新媒體藝術的論述產生共鳴，否則，當地民眾對新媒體藝術的印象，僅會停留在一個「特效」的階段，而不會產生特別的感情。此狀況尤以日韓為盛。

（2）新媒體藝術跟民眾對於媒體的熱衷程度，有著很大的關係。如果該區域的傳統廣告媒體已經趨於飽和，那麼廣告行銷廠商會開始尋求新的媒體表現手法，藉以突顯廣告的內容；新媒體藝術與商業媒體有很大的關係，當地的民眾如果還被平面廣告與電視廣告所強烈吸引，民眾會滿足於錄像藝術，那麼新媒體所需的資源便很難產生。

（3）新媒體藝術與當地是否容易取得新媒體藝術所需的技術知識與器材，並有交流與交易的平台十分有關，如：台灣的新媒體藝術家經常去的場所便是光華新天地。

（4）若當地有新媒體技術相關的就業市場，亦會對於其發展產生裨益。譬如說，互動裝置與展示設計的公司（如德國的Art+Com，英國的Land Design，台灣的天工開物與故事巢等），研發單位（如AEC的研究機構，台灣工研院的創意中心等）或是高互動性網站的工作機會，這些公司與組織會提供這些人才謀生的機會，並與藝術碰撞，產生更多的想法。缺少了這些行業，新媒體藝術容易成為一個孤島，人才的流通變得窒礙難行，跨領域的合作也變得比較難。

## 結語：尋找一種新的可能性

此外，以新媒體藝術的相關就業市場而言，一個學新媒體設計畢業的學生，出去以後的選擇，大概侷限在遊戲公司、媒體後製公司、網路公司等區塊；年輕人對於新媒體

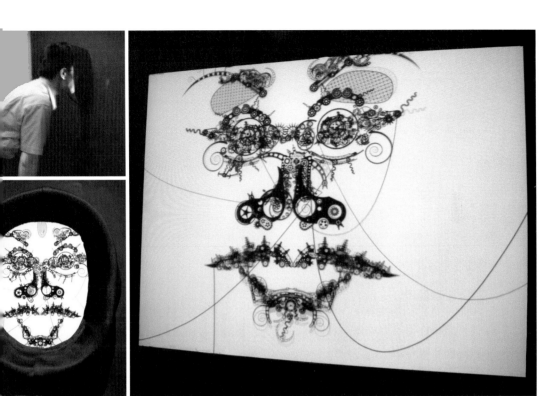

黃心健　凝視（左頁圖）
黃心健　皮相底層　ClassisExpression（本頁圖，上左圖為皮相底層和觀眾互動）

雖有著很大的興趣，然而，在學校中老師教導的方向卻非此類，因此到畢業時其實沒有
這方面的就業機會；跟學生對談的結果，也發現他們對於這樣的情形有些徬徨。以現今
的觀察，新媒體藝術要深植人心，可能還需要一陣子的醞釀；然而，就去年甫結束的北
京奧運，還有接下來上海世博會的展覽，是否會改變這樣的狀況呢？如果依循日本愛知
博覽會裡，大量運用新媒體藝術的趨勢來看，這一類世界性的活動，必將吸引世界上眾
多的新媒體藝術與設計公司來大陸製作，而接下來是否能夠引起風潮，並持續地發展，
我以此次科技與藝術的展覽為例，作一跨界結合的嘗試，希望能為兩者找尋一種新的可
能，提供莘莘學子們一個未來的新可能性！

**黃心健**
知名新媒體藝術家。創作領域涵蓋文字書寫、數位版畫、網路藝術、數位音樂、互動裝置。曾任職
美國Sony及Sega藝術總監，目前為國內互動公司故事巢及天工開物的創意總監，並擔任台灣微軟等
多家企業之設計顧問。作品具有既精準又詩意的獨特性，獲獎無數，包含今日美國評論家之選（The
Critics' Choice, USA Today）、新聲音新視界國際互動媒體獎（New Voice New Vision Multimedia
Award, New York, USA）、台北獎等。並持續於各大新媒體中心，如奧地利林茲電子藝術中心、紐約
Bryce Wolkowitz畫廊、台北市立美術館、台灣國立美術館、北京798表畫廊等舉行聯展及個展。同時
受邀於多件公共藝術及世運、世博、花博等國際大型活動參與創作。2009年5至6月期間於清大藝術中
心展出「人間機關術II──黃心健個展」。（執編撰文）

# 微笑的獸

文·圖/ **翁明哲**

　　他人我不明瞭，但我卻清晰地知道身體內住著一隻獸，牠就像是影子般如影隨形，並且沒有時空的限制，是多維度地存在著，在潛意識裡暗潮洶湧，蠢蠢欲動；在現實中卻是委屈地蹲在角落。我儘量與之和諧共處，但不總是順遂，在年輕的歲月裡時常衝突，每當與獸爭執時會憶起童年的時光，諸事物都泛著一層薄紗，似乎美好，而那時獸尚懵懂無知，天真可愛。

　　大約是在三十三歲的時候，我才認清一個事實，那就是，作為一個性格有缺損的人，在未來的日子，我將只能扮演一個所謂的藝術家（曾經很努力的想成為一個好的社會份子……？），不是因為我對於繪畫或攝影多有天份，而是我開始瞭解修補缺少的部分，將會是未來的日子裡重要的工作，我相信有很多有光芒的藝術家，但也相信有很多只有陰影的藝術家，我開始知曉自己屬於後者，並且耽溺的一塌糊塗。

　　我站在陽光下，影子裡面的獸微笑著……

　　藝術家與繪畫的關係……這麼說好了，處在陰影裡的藝術家，以社會的標準來看，對於社會並沒有太大的正當貢獻性的行為。他最常做的就是自怨自艾、以創作自瀆為己任，好聽的說法是探尋自我，以繪畫自療，其

翁明哲　黑色隱晦　攝影/相紙輸出　120×150cm　2002（左頁圖）
翁明哲　四兄弟　油彩/畫布　110×110cm×8　2007（上圖）

實他的創作更像是自我排洩的過程，像兔子，只要吃下了生活的胡蘿蔔就拉出人生的胡蘿蔔汁，嗯！沒錯，陰影裡的藝術家就是一隻饞嘴的兔子，但又不忘本地展現受過訓練的姿態來排出人生曼妙的汁液。

　　繪畫則像烹飪：「象以齒焚身，蚌以珠剖體」，我們總是垂涎於動物屍體的滋味，以及植物離開土壤後的青翠模樣。也就是說烹飪這事是建立在於對生命的奪取及死亡的迷戀，美食就是將各部位的屍塊重組後烹飪調味，我們可以說那是昇華，當然也可以說是藝術。

　　所以當藝術的兔子把自己慢慢地烹熟就很像是藝術創作的行為了。

　　再說到自己……曾經擁有單純繪畫的熱忱與趣味是在國中至高中的階段，那就是飽滿的生命，脹到不行，後來到當時的國立藝專美術科就沒了，洩了，不是學校的關係，就只是時間到了，純粹的東西瞬間通通跑光了，像第一次到沙灘上玩的海參一樣，好開心呀！（那時由金門來台不多年），就脹啊脹地，大到不行，然後大陽出來了，就被曬得縮回原形。但不畫了總是要做點什麼，那麼就到了西班牙唸書，繼續當異鄉人，想說如果畫不下去就曬曬太陽或學個吉他也是不錯的。

　　想不到那兒風光明媚，於是開始攝影，後來就開始暗房繪畫的生活。

　　傳統的攝像與重組過程是一件很有趣的行為，能夠將浮光掠影收錄在小小的底片上，然後用光線加水重現在四方形的紙上，這光線、水及紙張造就了一種真實的假像，

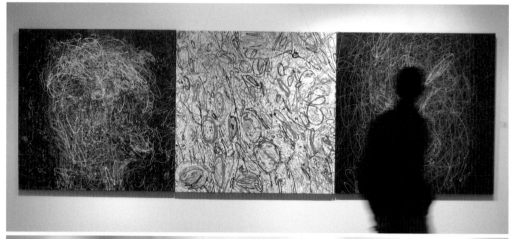

翁明哲　佐依的花園　壓克力/畫布　120×120cm×3　2008（上圖）
翁明哲　動物臉譜　油彩/畫布　120×120cm×5　2008（下圖）
翁明哲　微笑5號獸/駱駝　壓克力/畫布　120×120cm　2008（右頁圖）

其實這種轉化的過程中喪失掉很多東西又附加上很多東西，尤其在黑白攝影。

　　這種行為很像童年時代的集郵遊戲，那個時候也是要讓信件泡泡水才能夠得到一張張花花綠綠蓋著郵戳的郵票，等著溼答答的郵票晾乾時總會想著它是從台灣寄來的，新加坡寄來的或是外島寄來的，對照著郵票上的圖案想說是誰寫的，信上又寫些什麼，當初看到信的感受又是如何，然後滿足地收好等著下一次的觀看，如果還記得的話。

　　這些失落的影像初始的攝取過程就如同集郵的方式，都是一個四方的框框，中間有一個主景，其他都是背景，並且是一張張地，彼此間沒有關連，即便曾透過自我的眼來選擇與反射彼時的心境，但隨著時間的過去，這些浮光掠影都不存在了，充其量不過是時間的蔭屍，透著框框僅供憑弔。

　　換個俗點的說法，攝影就像腎結石一樣，當最初的渣滓卡在時光的尿管口時，所有的時光都洩了，但當初所留下的景像與記憶卻還在那個位置上，然後腫大，瞧著它，不

勝唏噓……

　　回到繪畫，為什麼又開始回過頭來描繪，因為發覺繪畫的紀錄性較攝影來得強勢，不僅可以畫看得到的，也可描繪看不到的，亦無時空與事實的限制，透過物質與厚度能夠展現出比平面影像更直接的力量，「攝影有疏離感，繪畫則是張力」。

　　至於畫什麼？我先畫了人，我認識的人，想像他們死去仰躺的模樣，我總是好奇，如果一個人的臉孔失去五官，或者扭曲面容除去光澤，那麼會成為什麼東西，會變成石頭？亦或隨便哪一種剃掉皮毛的生物。皮像之下到底存在著什麼東西，如果將臉龐上的洞口都堵塞住後是否聽不到、看不見、說不出、聞不著。人無臉不是人，那動物無臉還是動物嗎？

　　於是我開始畫獸，畫在影子裡微笑的獸。

　　2008年應策展人賴小秋老師到清大藝術中心展出，我們有兩人，一個是我，另一

翁明哲　微笑11號獸　壓克力/畫布　120×120cm　2009

個是弟弟；我是翁明哲，他是翁明崖。展名為「我們的故事、我們的朋友」。雖然各有不
同的個性，作品亦是風貌疏離，但所陳述的故事卻是相同的(這是後來才發現的)。展之
前從未認真思考過我們合展的可能性，雖然我們住在一起，但從不會就作品促膝深談，
總是各做各的，直到因那次的清大藝術中心的展覽才有機會當著多人的面前懇談自我
繪畫的脈絡，老實說有些尷尬。平時都分開洗澡，如今卻要當著大家的面前共浴。

　　我們的作品都緊扣著一個主題：自我、成長、時光及其所衍生的一切。很巧合
地，我們是兄弟，所謂的兄弟就如同大樹根下長出來的瓜藤，用著同水平的泥土與
水，雖然攀爬的方向與位置不同，但其實是同一株大樹。不管是在向陽背陽、樹梢樹
幹，都很難離開這樹的範圍，因為瓜藤不會飛，只能爬。說到飛，年輕時曾經以為自
己可以飛，於是就飛了出去，結果砸了滿地，不忍悴睹，長大後才知道瓜就是就瓜，
要有土壤及攀附才能爬得遠。終歸不是鳥。

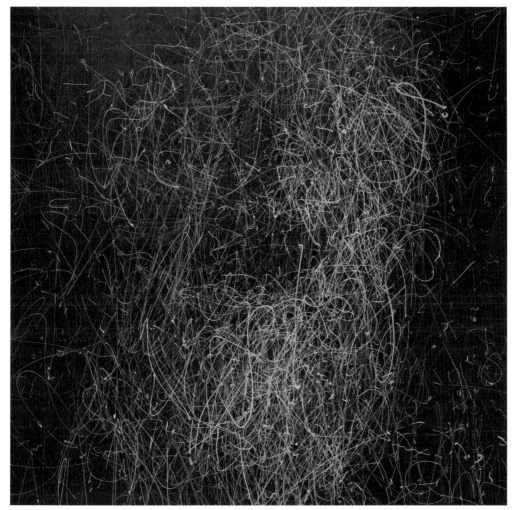

翁明哲　微笑12號獸　壓克力/畫布　120×120cm　2009

　　在清華大學的展覽算是我倆近二十年來在台灣所反芻的作品，也是我們第一次完整同台展出，如此緊密環環相扣，這是我始料未及的。我們就如同刀的雙刃，就著自我與童年的接縫劃開，一塊一塊汁液橫流地分解與重組。瓜藤在現今是纏繞在一起，未來肯定分開，但只要向上爬，會有再相交的時候。在此我非常感謝清華大學藝術中心給予我們的第一次。

　　2009年，翁明哲接續畫「微笑的獸」，翁明崖則畫他的「旅‧風景」。他們各自待在自己的世界。耽溺的一塌糊塗。（2009/10/6於新店）

**翁明哲**

出生於金門，國立藝專畢業後至西班牙求學。繪畫是自幼培養的興趣，早年精湛純熟的繪畫風格曾揮灑出無數得獎風光歲月，90年代末期飄洋過海到西班牙接受研究所的洗禮，開始專注於攝影的表現，並發表複合媒材的裝置性作品。目前創作媒材主要以油畫為主，由逝去的時光中取材，自我忖量並謔稱係以創作之名行自瀆之實。西班牙異域研磨的力量在其創作上迸發出巨大影響，歸國之後並不斷召喚出新的衍生創作，逐漸增生茁壯。他的風格獨特展示出細膩的文人詩意思維與耐人尋味的風貌。

（執編撰文）

# 我為什麼要畫畫？
## 從十張畫談創作動機

文‧圖/ **洪天宇**

## 緣起

2009年夏天接到清大藝中小秋老師的來電，詢問是否願意參加「具象演繹」的聯展。我當時被她清澈誠懇的聲音所吸引，竟毫不思索地立刻便答應了。之後一連串的通訊聯繫，從選件到包裝運送，我發現賴老師所做的比專業畫廊還專業，比公立美術館還細膩。你會被她周全的考量與綿密的步驟引導，安安心心的把作品掛上去。在溝通與聯繫上我對她的專業與敬業只有佩服再佩服。期間對創作理念往返交流，我們幾乎上天下地無所不談，賴老師總是有本事把你曖昧不明的理念，引導成透徹的自我剖析。因為她的激發促成了這篇文章的誕生，我從二十歲到五十歲的創作生涯中挑出十件作品，談一談自己的創作動機。

學美術的過程中，我知道學會一種技法不難，只要反覆練習便可提高熟練度；學會一種觀念也不難，只須厚起臉皮抄襲，再加一些小巧的變化，便能裝模作樣；「創作」那更是家常便飯，東拼西湊、加加減減便能交差，但我心裡深知有一種東西老師沒辦法教我，我也不知去哪裡學，那便是「創作動機」。換言之，「我為什麼要畫畫？」這是誰都不能引導、告知或強迫我的事，我得自己活出它的滋味。畢業至今三十年過去了，回顧自己三十年來的作品，除了安心於自己毫不中斷的努力外，也找出了自己創作動機的蛛絲馬跡，以下就挑十件作品來談：

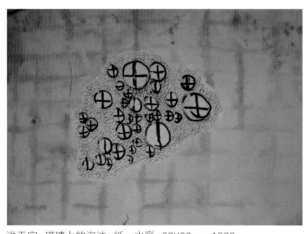

洪天宇　磁磚上的泡沫　紙、水彩　28X20cm　1980

## 磁磚上的泡沫

這張畫裡的內容物是有一次在軍營上廁所，小便池水面

洪天宇　荒原上的油加利　紙、壓克力　60X40cm　1981

被尿液射出水泡，泡沫將尿液下的磁磚格子反映成一組密集的複眼。當時看到心裡有「喔！」的一聲，我知道我被「美」嚇到了，迫不及待地就拿最簡易的紙筆，記錄了那一瞬間。之後有很長的一段時間，我畫畫只是要呈現心中那一聲「喔！」。我放開心胸不帶成見地到處亂看，只要美找上門，我便畫下來。如果我畫完之後也能把那一聲「喔！」帶給觀眾或自己，便算一幅成功的作品。當然失敗也是經常撞見，有時是自己的技法無法還原情境，有時是那一聲「喔！」強度不足，很多年之後我才知道「喔！」也會騙人。

## 荒原上的油加利

　　這張畫算是個人作畫歷程中的首次革命，學生時代學了一大堆技法與觀念，無論是印象派的點描或是水墨的皴法，碰到眼前的草木都無用武之地。自己就像練了一身屠龍絕技，卻找不到半條龍可以宰，於是我只好一點一線地如實描繪。「我究竟看到的是什麼？」；「看」本身早已包含了經驗、動機、企圖和算計在裡面。要「如實地看」真是一件不容易的事，我得拋開習得的成見與觀感不可，只好用望遠鏡仔細地數樹葉和樹枝的數目，再忠實地還原數量、造型，盡量壓低主觀的感受。這樣也能畫？今天看來還真好笑，不過這段日子留下了幾件至今看來還很得意的作品，我想是動機單純所致！

洪天宇　衝突　紙、油畫　60X40cm　1989

## 衝突

　　畫了將近十年，我都是在身體外在的環境中找尋題材與感受，但內在的心境、風景、變化、造境，其實一點都不遜於眼前的世界，於是我把看的方向180度轉向，看看心裡面在幹什麼。一轉進來便撞見一連串的尖銳吶喊，愛慾憎怨的衝突此起彼落。我看著念頭，莫名的影像來來去去，瞬間生滅，要抓住它並把它視覺化來，還真像跟鬼打架。不過這張還滿貼切的，我看到的大概就是這個樣子。有一段長時間我的創作動機只是在釐清我心裡面在想什麼，有點自我表現的衝動，又有點像拿手電筒在照深不可測的黑洞，畫筆便是那支手電筒，而畫面算是不小心被照亮的鬼魂。

## 泡沫

　　當你看到書架上畫冊每個大師都有自己的形式、自己的風格、自己的語彙，你知道自己遲早也得搞一個。當時想得很簡單，以為風格是可以硬騎上去的馬子，不曉得大師的語彙是因緣際會、天賜的恩寵，憑著一股衝勁我拿360度旋轉的圓當成自己風格的宣言。雖然教堂圓頂這類作品早已泛濫成災，但我很白目地相信自己可以做的更出色，每天不斷探索「圓」究竟有多少變化的可能。這段日子創作比較像在做研究，不斷東挖西掘，什麼東西都丟進圓裡面轉轉看。像這張泡沫就是把解嚴年代社運的種種衝突畫進同一個畫面，每個氣泡都是一個電視畫面中的社會事件，它們在電視畫面中停留的時間跟一個肥皂泡沫存活的時間差不多，再大的事也不外乎泡沫。（看來我已經快要悟道了，哈！哈！）

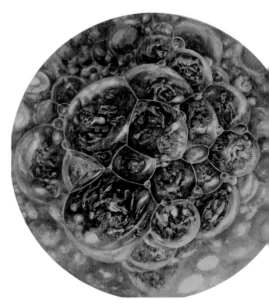

洪天宇　泡沫　紙、壓克力，直徑160cm　1991

## 愛滋病

天有不測風雲，人呢，就更不用測了。三十五歲的我因為個人婚姻問題，而弄得五馬分身、心力交瘁，在這熱鬧滾滾的同時，我父親又被查出膀胱癌末期，我得單獨一人照顧父親，同時處理情感風暴，並且一天教書八個小時。天啊！那段時間是怎麼走過來的？奇怪的是一天睡不到四個小時，還有時間創作。幸好有創作，我當時要是沒有藝術創作所帶來的自我療傷，恐怕只有燒炭一途。這件作品雖然名為愛滋病，但其實是記錄了個人對愛情生滅的恐懼，它有個小小的副標題「讓我們一起、讓我們相愛、我們互相滲透、我們溶解、我們潰爛」。

洪天宇　愛滋病　塑膠雕塑，與170cm的成人等身大小
1993

## 槍決

我想把自己幹掉（自殺大概是這個意思）當一個人活的實在無法負荷自己的重量時，擠出這個念頭應該是勢所必然。幸好我有藝術創作可以做一個分身把他槍決，不必真的傷到本尊毫髮，不過在現實上我也真的告別了自己大半的生命，辭去教書的工作，埋葬了父親，離開了家庭風暴圈。從這一年起我成了專業的畫家，雖然過程並不光彩，事情發生的也莫名其妙，但邁向專業畫家這一步肯定是這輩子最值得喝采的日子，感謝藝術療癒了我無數的傷口，讓我得以像個新生兒蹣跚前行。

洪天宇　槍決　玻璃纖維、油彩　100X150cm　1995

洪天宇　青草湖　油畫、畫布　50號　1997

## 青草湖

　　要當專業畫家第一件事就是如何把作品變鈔票（有些運氣較佳的創作者不用）。這個階段我創作時只想畫得討人歡喜，討好那群用鈔票決定我生死的收藏家，創作動機純粹就是實用考量，畢竟餓肚子是很恐怖的事，幸好第一次個展，作品在開幕之後不久就賣光光，我還真能媚俗啊！想到這就全身起雞皮疙瘩，在掌聲的背後我聽到小小的啜泣與責備：「藝術不是給你拿來這樣搞的，去！去把藝術的真諦找出來！」我小小的良心在背後鞭打我，後來我還是畫了一些甜甜的風景畫用來換生活費，但我知道我上路了。

洪天宇　發霉的城市　鋁板、壓克力　50號　2002

## 發霉的城市

　　生命越往自我探尋便越能了解到「自我」的空幻，「我」無論在肉體與精神都與外界聯成無限網路，要從任何一個點切斷來說，這是我、這不是我都是很勉強的。有這一層的了解，便無法再用自我本位來創作，這時展開在你眼前的是關係、各種現象事物層層疊疊的關係；是關懷、是對生者懷憂、逝者懷傷的關懷；是喜捨、是渴望自己有限的生命物資可以奉獻在永恆祭壇上的特牲。這時我創作了一系列的空白風景，談的就像這張發霉的城市，是對人處困境的憂慮、對人文思想的反思、對生態崩解的嘆息，這時我的創作動機裡有一種宗教情懷，只想捐獻小小的自我，讓整體更平衡健全，雖然老天不用你操心，但我還是樂此不疲。

洪天宇　鼠斑魚　鋁板、壓克力　92X92cm　2008

## 鼠斑魚

這張算是自畫像，我就是這般無可奈何地看著世界，當你了解每頭牛被殺，每條魚被捕，你都有參一腳。每頭豬、每頭羊被宰的同時，你都間接地捅上一刀。每個人餓死、互相殘害，你都無法置身度外，這時藝術創作動機已經不是遊戲衝動，不是自我表現、不是裝飾、不是換得鈔票所能承載，它已經是天地大悲加諸汝身，誓為菩薩行的願力。我現在正創作大悲宴第二集，希望完成四集之後，能對來世有些許助益。

## 草地

這張畫是我年輕時看著一片草地，不假思索，一揮而就。當時什麼創作動機也不想，什麼藝術派別也不管。畫畫就畫畫嘛！哪有人想那麼多的，也許有一天我能夠再吸到年輕那口空氣，面對一根草便畫到樂不可支。也許，也許會有那麼一天，但現在不行，我得趕路！

洪天宇　草地　紙、奇異筆　12X7cm　1979

**洪天宇**

畢業於省立新竹師專美術科。2009年於清大藝術中心「具象演繹」聯展中展出。洪天宇是一位充分掌握當代藝術資訊自我導向學習，進而自我鞭策，自我超越的藝術家。1987年即因持續的長期努力而獲得雄師新人獎入選。1998年台北獎入選。2000年獲頒第一屆廖繼春油畫創作獎，展出〈空白風景〉（給微風系列）前半段的主體創作，他於90年代從事微風系列的畫作，人為的建築物在畫面中都處理為突兀的白化地帶，有單件或系列性的組件，組畫中的時間性與空間性是橫跨性的縱剖面。畫作大多追溯原始的山林樣貌，在逐漸受到人類文明的洗禮之下，建築物增多，因而畫面空白處愈形加倍增多，讓我們反思人類文明對自然環境的戕害，這和德國藝術家波依斯（Joseph Beuys,1921-1986）曾於卡塞爾種植七千棵橡樹的意念有同樣的批判與控訴意圖，他以自然界真實自然的畫面讓人們思考對社會的關懷，達到深沉的社會認知層面。自2008年以來專心致志於大悲宴系列的創作，對生命有獨特的詮釋觀點。（執編撰文）

# 能量轉運站

文·圖/ **張惠蘭**

如果我把往事都醃起來,那麼貼上了清大藝術中心標籤的醬缸一定是我最重要但也不急著打開的容器之一。離開清大的工作快十六年了,情感愈深也就愈難書寫,當時的記憶還完好封存在內心底層,有時浮上心頭與現況並置,彷彿那時的我向現在的我悄悄傳遞私人訊息。

## 記憶的醬缸

1991年起至1993年,第一次自法返台後我將個人的創作熱情移轉到清大的藝術行政工作,協助當時的主任徐小虎教授的極具原創的策劃活動,學習將藝術的觸角擴展到生活美學與社會介入的各個層面,推出了各型極具挑戰的展演,現在想來她其實是對台灣當時現況做了一定程度的擾動;也試圖打破成見將分割不對話的專業領域做的橫向連結。除了策劃與落時實際動靜態展演活動,我也在她規劃下於中心開設了繪畫方面的課程並對社區開放。

我所承辦的第一檔主題展演就是風箏展,由北至南、從工藝到流體力學,拜訪相關專家也打開了我的跨域視野,海報的文字同時由徐主任邀請董陽孜女士為藝術中心題字也成為藝術中心的「標準字」沿用至今,甚至之後也以此書法設計成金或銀色字體印刷在黑或白的T恤成為清大特別的紀念衫;今年在台北當代館推出董陽孜「無中生有」的展中,看見以她的書法所印製頗受歡迎的紀念T恤時,便喚起那段往事。三年中令人

張惠蘭　「不列塔尼系列—午后」　彩色手工相紙　40.64×58.42cm　1991（左頁圖）
張惠蘭　參與日北沖繩縣「WANAKIO 2005 Urban art exhibition」於那霸市農連市場　展出作品親密的距離
吳欣穎攝影（本頁圖）

張惠蘭　紅眠床佈展　王紫芸攝影（上圖）　　張惠蘭　紅眠床　吳欣穎攝影（左中圖）
張惠蘭　紅眠床　發表於清大藝術中心（左下圖）　　張惠蘭　紅眠床發表於加拿大La centreral（右下圖）

難忘的展覽還有—建築與生態道德」的展覽與研討會、「中國服飾的傳統　現在與未來」的服飾設計徵件活動、伸展台表演與靜態展覽、「過程與體驗」——蕭麗虹裝置展、—內太空的星星」放射蟲的世界、董陽孜書藝作品展、中國眼筆中的澳洲等等。幾乎在只有我這名助理的狀態下，時常在辦公室待到凌晨3、4點返回清大雅齋休息梳洗，而後8點多又回到辦公室工作，或許我一面逃避現實人生的困境，一面將內在的私密轉化為對社會的關懷，三年內燃燒了所有青春的熱情，化成了每月至少一檔的中、外的展演、文藝季與各項推廣活動，同時編輯出版了約十冊以上中英雙語的展覽特輯，每天工作忙碌，但疲憊中夾雜著渴望保有創作時間的焦慮心情。

　　在徐小虎教授的想法裡藝術應該是從生活的許多層面談起，她對台灣的建築與環境生態，尤其特別針對土地倫理方面，想藉由展覽及研討會的方式來喚起各方的重視與改善，時至今日全球暖化的問題日益嚴重，綠建築的概念已逐漸受到關注，清大這場建築與生態道德的研討會與展覽已早在十八年前的台灣於大學的藝術中心舉辦，加上與科博館研究員合作的「內太空的星星」放射蟲世界的有機結構形式的探索，這些對於藝術介入社會、生態議題與跨領域藝術合作還是開了國內大學藝術中心的先河。

　　還有一個在當時校園結合裝置、互動藝術與公共空間的藝術的前衛例子，我因為在當時的省立美術館(現今的國美館) 看過陶藝家蕭麗虹的裝置作品，因此1992年特別邀請她到清大跨年展出，她提出在校園室內外、公共空間裝置的構想，邀請清大師生共同參與完成，台灣當時尚未有公共藝術的法規與執行，這個計畫除了室內展場的展出外還提出 IN SITE 的構想，選擇在清大湖畔空間與人文社會學院的主要樓梯裝置，計畫包含邀請師生共同參與搭建燻燒窯，一同從動手製作、燻燒到裝置過程與體驗，對藝術家而言完成了藝術的實踐，也是台灣藝術介入校園的較早案例，同時也影響了清大的一些同學，尤其是目前在「竹圍工作室」協助蕭麗虹的姚孟吟，當時就在清大看過此展，畢業後有機緣成為蕭麗虹最重要的助手，幾年前她協助翻譯一本中文名叫《藝術介入空間》的法文書，出版後對台灣藝術及社區營造影響很大，重新探索藝術在日常生活的關係也形塑了公共空間的多種可能。

## 紅眠床

　　2003年受清大藝術中心負責策展的小秋邀請，參與展出「身體與記憶」特別策展，我選擇以紅紗禮服裝置的「紅眠床」承載壓縮的時空記憶來面對此課題。巧的是這當中距1993年離開清大後剛好已有十年的時間，回顧那些年的變化，也許這些回憶同時糾結了太多個人成長的苦澀，成為這醃入了複雜回憶的清大醬缸需要長時期靜置的原因之一吧。

　　〈紅眠床〉是一件裝置性質的作品，這件作品2002年曾經在「客廳　走廊　房間」展覽計畫下，透過台南吳園的特殊場所與加拿大的蒙特婁舊工廠改建的Power House畫廊展

張惠蘭　腹語　邱國峻攝影（左圖）　　張惠蘭2007個展親密的距離,107畫廊展場一隅（右上圖）
張惠蘭1998年在法國廢棄採石場邀請社區孩童參與In Site的裝置計畫（右下圖）

出，不過能回到新竹尤其是清大藝術中心，對我更是格外的具有意義，但也因此產生近鄉情怯的複雜心情。此作品一開始便是想紀念童年對新竹外婆的一些回憶，印象深刻的是她的紅眠床、很會醃醬瓜與炒炊粉，想起童年在外婆紅眠床爬上爬下的我的身體經驗，所以我選擇此件作品協助我重返能量轉運站。

　　清大的展場原本是我十分熟悉的地方，過去我帶著工讀生「小朋友」們協助他人，但這回卻是首度以藝術家身分佈展，也由藝術中心的「小朋友」協助我共同完成了裝置，有趣的是當時也沒想到因我個人1991年起慣稱工讀生為「小朋友」並從中建立「工頭」的管理方式，居然習慣成自然的延續下來，成了藝術中心工讀的口頭職稱；這些感覺彷彿外婆從密封的醬缸裡取出醃瓜仔的時候，散發著鹹鹹甜甜卻又不知如何形容的發酵後的熟悉氣味，成熟的醃瓜仔與進醬缸前的瓜仔有著相似卻不盡相同的樣子與口感，就在此既熟悉又陌生的狀態下完成了裝置。

　　喜氣洋洋的紅禮服高掛於展場的頂端，透過光線將周遭的牆面染紅，在半封閉的空間中，地面鋪滿紅色地墊，邀請群眾進入躺在被禮服佔滿上半部的空間，這個空間展示了社會既定記憶的模式與熟悉的女性經驗，但我期望觀者或許在含糊地說出婚禮、女性或母性、柔軟、渴望感情，這類的既定標籤的同時，也連接在保護膜下面對自己的私領域：是私密與深入個人內在的部分，甚至於軀體與「我」的痛楚、愉悅，而這個空間也有沉重與窺探的意味，這裡的身體與記憶具有多重的意義，有著童年與清大時期我的身體記憶，每件舊禮服都有自己的故事交織下的回憶，往事既輕盈且沉重、忽遠忽近的環繞著我卻又以鄉愁的姿態無法觸及。

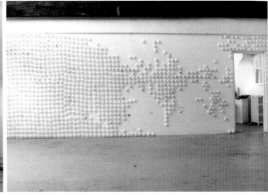

張惠蘭　牆語　裝置作品　1998（本頁圖，左圖為細部）

## 藝術轉運站

　　回想之前從東海畢業到法國短暫停留後便在清大藝術中心停泊，之後離開再度赴法進修，於 98年回國後一直在高苑科技大學建築系任教，1999年開始在橋仔頭糖廠策展並開始擔任糖廠藝術村藝術總監的工作，2003年於十年後首度重新接觸清大，隔年2004年協助校方成立高苑藝文中心，開始以「串連」作為校園藝術介入的開始，期待不同領域的藝文工作者互相連結製造能量，帶給高苑校園空間不同的美感經驗與創意的激發。如果現在的我能有多重身分的能量來從事藝術創作、教學與策展等工作，那主要的能量源頭就非清大藝術中心那三年所累積醞釀的經驗莫屬了，那裡是我的人生重要的能量轉運站，命運交織下在那裡與我曾交集的夥伴們彼此加滿了多種能量，然後將此能量不斷帶到其他的生命轉運站。

　　行筆至此現在也已離開任教十年的高苑，重回母校東海大學美術系任教，驀然回首人生並非是線性發展，彷彿在某些轉運站間繞了個幾圈，「身體與記憶」展出後，距打開上回的記憶容器至今又已過了六個年頭，往事的發生也許不是偶然，事件之間有著某種必然關聯，感謝那段水木清華的重要時光，我也才能一直在個人創作的內在私密與藝術的公共性之間擺渡下去。（寫於東海大肚山10/10/2009）

**張惠蘭**

藝術創作者及獨立策展人。曾於1991年起至1993年任職清大藝中視覺藝術行政策展工作，2003春天以藝術家身份受邀參加清大藝中「身體與記憶」聯展。曾任高苑科技大學建築系專任助理教授兼藝文中心主任、俄羅斯國立維洛特卡人文大學交換教授、橋仔頭糖廠藝術村藝術總監與台灣女性藝術協會理事長。曾於國內及法、美、加、日本等地發表個展十餘次；重要聯展四十餘次，2007年獲亞洲文化協會（ACC）獎助赴美；並多次獲國家文化藝術基金會補助展覽、策展計畫及國際交流等獎助。多年來從事藝術創作、策展及教學，現擔任東海大學美術系專任助理教授。〈紅眠床〉是最具新竹地緣性的作品，潛伏著遙遠卻清晰的記憶，帶有懷舊的惆悵感傷，整體展露出女性對婚姻的期盼與夢幻，有著歡愉、寫意、舒適的感覺，透空而若隱若現、欲語還休的空間配置，我們體會出法式的灰色幽默，隱約嘲諷台灣當代社會中總有突兀並置事物的可笑現象。（執編撰文）

# 我的電影啟蒙
## 真正人文薈萃之地，理當有電影

文·圖/ **游惠貞**

　　我的清華時光尚未有人文學院，事實上，除了理工科系外，一切人文社會相關學科都仍付諸闕如，自然也沒有藝術中心，我們就像一粒種子落在不甚肥沃的人文土壤裡，冒出小芽之後，便各憑本事地向四方伸展尋找滋養。

### 影痴必要的成長儀式

　　一日，系主任梅廣忽然提到「布烈松」這個我前所未聞的名字，那是台灣第一個影展——金馬國際觀摩影展剛開辦的時候，法國極簡電影大師布烈松成為首推標的，連「遠在新竹」的我們的系主任都為之心旌動搖，記掛著要專程前去觀賞，這是電影世界給我的一次頗直接的震撼。我們的「台灣現代文學」教授施淑女，上課一向只談文學，忽然有一天問我們有沒有聽過「藝術電影」這個詞？她還推薦大家去看一部片名毫不藝術的電影，許鞍華執導，蕭芳芳主演的「小姐撞到鬼」，這又是另一次震撼，似乎有一個隱而不見的電影世界，有待我們去揭啟。

　　在那個沒有網路，沒有光碟的年代，資訊無法在彈指間取得，新竹也沒有電影院放映非主流的電影，必須專程到台北追尋，整個過程乃是一趟充滿期待的旅程。同樣大費周章的是到影展看電影，對我輩影癡而言，花幾天時間排隊購買影展票券，乃是一種成長的儀式。

　　這是我的電影啟蒙，整個大學時光，我花在看電影的時間大概多過在課堂上，除了電影院，還有影展，以及「影廬」、「太陽系」之類放映錄影帶的地方，電影簡直成了我的第二主修了！如是這般畢了業，仍是一面工作，一面囫圇吞下大量的大師經典名作，還有國際各大影展得獎電影，之後更飄洋過海，到紐約尋找更廣大的電影世界。

　　此時我的電影世界除了布烈松、楚浮、柏格曼等大師和法國新浪潮、德國新電影、第三電影等等電影運動之外，迅速加入了奇士勞斯基、安哲羅普洛斯、阿巴斯基亞洛斯

胡導演攝於哥德像前

達米、庫斯杜力卡等，再更近一些的有歐容、法提阿金、是枝裕和、金基德、岩井俊二、賈樟柯等人，電影世界後浪推湧前浪，藝術與非藝術電影界線模糊，不變的是電影世界的魔力，是窺看廣闊世界與私密的生命經驗，是在最異質的影像與聲音中發現共鳴。

這一切的源頭，都來自於我的清華老師給的啟蒙。

## 理想藝術中心，拉近與電影的距離

多年之後，在偶然的機會中受邀回到清華為通識中心開電影相關課程，當年我的老師不經意的幾句話，成為我的電影啟蒙之鑰；有機會扮演類似的角色，我非常樂意為我的學弟妹們開啟這一扇門。

此時的清華真正已成為一個人文薈萃的處所，清華藝術中心更先進地把電影視為當代藝術的一環，一個個專題展不斷推出，黑澤明、庫柏力克、小津安二郎、希區考克等大師專題不在話下，邀請影人現身說法的影人專題展，如蔡明亮專題、胡金銓專題、台灣新銳導演介紹等，乃至於設定戰爭、科幻、非劇情電影等等主題的特展，在在顯示主導者對電影知識不僅能旁徵博引，甚且管道暢通，讓清華成為一個觀影環境極其豐富的校園。

最讓我嘆為觀止的是胡金銓大展，中心不僅傾力找來胡導演的所有代表作，也把胡導演的首席男主角石雋邀請到清華，暢談與大師同行的歲月，更為了重現胡金銓電

蔡明亮導演

影的氣勢，嘗試跳脫光碟的限制，以35釐米拷貝做放映，其中所費心力與資源，對一個大學藝術中心而言，確是氣魄驚人。我與石大俠在該活動中結緣，因而也促成了台北電影節2009年在台北紅樓舉辦的胡金銓導演「空山靈雨」和「山中傳奇」兩重山專題展，此是後話。

　　清華藝術中心營造了一個親近電影的環境，彷彿將我當年上窮碧落下黃泉的電影追尋歷程直接送進校園，理想的通識教育理當如此：不論來自各科系的同學，都可以在此得到電影啟蒙。

　　記得有一年在柏林影展，陪蔡明亮導演出席一個廣播脫口秀節目，主持人先與俄國電影大師塔可夫斯基的藝術指導暢談「犧牲」裡的場景設計！接著長袖善舞地玩著唱盤做為過場音樂，然後與蔡明亮導演談「天邊一朵雲」！那是個輕鬆談電影的節目，但主持人信手拈來，顯然對受訪者的電影都耳熟能詳，現場觀眾也完全了然於心，談大師作品如家常便飯。

　　他們上的大學裡，一定有很棒的藝術中心。

**游惠貞**

紐約大學電影研究碩士，現任台北電影節策展人，理論學術背景紮實，是國內知名影評人與影展策展人。十餘年渾厚踏實的策展經驗令人捧息，例如：金馬獎國際影展總監、台灣國際紀錄片雙年展節目總監、女性影展總策劃、宜蘭國際綠色影展總策劃等。她曾為《聯合報》及《自由時報》撰寫電影專欄，編撰《女性與影像：女性電影的多角度閱讀》，翻譯《誰在詮釋誰》（They Must be Represented: The Politics of Documentary）、《開創的電影語言》（The Cinema of Eisenstein）、《電影意義的追尋》（Making Meaning）等多本電影專書，皆是電影研究者必讀的經典著作。游惠貞有著豐富而資深的影展策畫經驗，深諳台灣電影運作機制的瓶頸與困頓，時常於國內影展十萬火急的情形下應邀投入策劃工作，她周延的總策劃與專業工作團隊們贏得多方矚目與喝采，她試圖讓台灣電影界及影展的生態能越趨健全與完善。游惠貞努力不懈地為台灣影展服務，讓更多的觀眾對國內外出色的電影創作有更深更廣的認識。（執編撰文）

# 相約在清華

文·圖/ **孫自弘**

孫自弘老師演奏情景（左二圖，右圖為孫自弘老師說感恩的話）

　　2003年12月6日，與伴奏——潘瑋老師來到清華校園，預備當晚在合勤演藝廳的演出，由於抵達時間還早，就先在湖邊小憩，欣賞清大校園美景。眼前的景色並不陌生，從小到大，有多次造訪清華的印象。

## 音樂讓我與新竹對話

　　還記得讀光仁中學音樂班的時候，班上有一名新竹來的同學，由於在音樂班男生是少數，很快的幾個男生就建立起患難兄弟情，但是到了國二，這位同學就轉學回到新竹讀書了，縱然如此，與他的聯繫沒有斷過，之後的兩三年，還有多次到新竹遊玩夜宿他家的紀錄，印象中，當時住在市區一個眼科診所的樓上，聽他講新竹的故事，看他以新竹為榮的神貌，到了白天，同學就帶我到清華，還特別在梅園走了一圈。從國中到大學，有多次與學校的樂團到新竹演出的經驗，第一次在新竹演出，學校安排中午在一個修道院休息，然後到廟口吃午餐，當時新竹沒有適合的表演場所，我們是在當時的新竹市社教館禮堂演出，很狹窄的空間，簡陋的舞台燈光。到了大學，再度來到新竹表演，

孫自弘老師與密蘇里聲波室內樂團演出情景（左右頁圖）

這次是在清大的大禮堂演出，清華的大禮堂對於我們來說，是個驚豔，我們在感嘆，有音樂系的學校沒有一個像樣的表演廳，但是在沒有音樂系的學校，卻有如此高水準的表演場所，是我們夢寐以求的。

回國後，因為工作與演出的關係，我竟然與新竹結下不解之緣，雖然家住台北，每個禮拜固定一到三次的造訪新竹成為固定行程，今日新竹的表演藝術環境已非昔日吳下阿蒙，無論市立演藝廳或是不遠的縣立文化局都是音樂家必造訪之地，而音樂團體們也都知道清大的禮堂很棒，合勤廳有名貴的鋼琴。每次到新竹，我都懷著感恩的心，抱著尋找少年記憶的心情，也因此，當日在演奏會的最後，我會有感而發的說出「我在台北成長，在新竹發跡！」的話語。

有人說。音樂是時間的藝術，是流動的建築，對我來說，演奏家藉著音樂對外界說話，我藉著我的演出與台下的觀眾對話，憑藉著我的樂器、技巧、聲音向聽的人說故事，傳達我內心深處的世界。或許音樂家平時向世界發聲的機會不多，但是容我們以音樂向你們說話。我也藉著音樂跨越時空與作曲家對話：生活在18、19世紀的你們，要對我們這些21世紀的新人類要說什麼？我這樣詮釋你在兩百年以前記在譜上的音符，你可以接受嗎？

## 2008年12月的晚禱

　　每次演出時，我都慎選曲目，希望徹底達到溝通的目的，在2008年12月的那場演出中，我私下擬了一個主題：「晚禱」，德國作曲家布魯赫雖然不是猶太人，但是聽到在猶太人會堂的禮拜中所吟唱的詩篇，深受感動，而借用同樣的曲調譜寫了一首感人肺腑的樂曲「晚禱」，原本這是一首為了大提琴與管弦樂團的曲子，我卻是以法國號演奏來挑戰其中的高難度，希望以這個樂器來吟誦這首猶太禱文，並且為這個土地獻上我的祈禱。

　　「三首聖詩組曲」是當晚的另一個重要曲目，雖然旋律出自傳統基督教聖詩，卻不是單純的歌曲加伴奏而已，三個樂章的曲子好像一連串描述北美風情畫的幻燈片，播放著一幅幅美國的鄉土人情，有洛磯山、阿拉帕契山的壯闊，有純樸的農民禮拜天聚集做禮拜的情景，有百姓拿著吉他、鋼線琴唱聖詩的聲音，畢竟，基督教是他們文化重要的一部分。

　　在幾首大型的曲目中間，我也預備了三首風格迥然不同的短曲：法國作曲家夏布里耶的「極緩板」帶來的是如黃昏般沉靜的風格；法國作曲家菲德的「音樂會小品」有一個飛快的結尾；荷蘭作曲家的「間奏曲」則是一首無伴奏的曲子，讓法國號盡情的發揮它應有的本色。

　　在當晚的演出中，我也沒忘記為清華的愛樂者預備了法國號的經典曲目：莫札特的法國號協奏曲。在莫札特的法國號協奏曲之中，我們可以看到一種超越年紀、禁得起考驗的友情，許多的作曲家作曲的動機常常由於接受委託而譜曲，莫札特卻常常為了朋友而寫，莫札特的法國號協奏曲是寫給他的一位好友－－萊特格布，這人是一位優秀的法國號演奏家，是莫札特的爸爸在薩爾茲堡的好友與同事，後來搬到維也納，除了演奏，也經營一家小巧的起司店鋪，萊特格布對莫札特在維也納的生活幫助很多，並且包容了

清大藝中2007年秋冬音樂會學期摺頁（左圖）　　節目單的封面（右圖）
孫自弘老師攝於合勤演藝廳（右頁圖）

頑皮的莫札特在樂譜中開的各種大小玩笑。而莫札特在寫給他的這些曲子中，除了大家所知道的嘲弄嬉笑，其實更多的是對於當時那種沒有按鍵的法國號的深刻認識，以及更重要的，對於這位好友演奏技巧的深深讚賞與期許。

## 開啟來訪者心靈的藝術中心

很高興能有幸在清華大學的合勤演藝廳舉行這樣的演出，在學校中有這樣的場地，讓我們有一個可以伸展的空間，有這麼一個藝術中心，成為了藝術人與清華師生在校園相見的橋樑，藝術中心或許不像「研究中心」、「創意研發中心」那樣具有「產值」與「產能」，但是卻具有無聲的力量，帶來長遠、看不到的價值。

在國外，我曾經見識到不少的大學中的表演藝術中心，不但是校內師生的表演場所，更是社區中的表演藝術中心，同樣的，藝廊與博物館成為外地觀光客來訪的焦點之一。如此拉近了學校與社區、學校與社會的關係。藝廊中一個個作品或許啟發了來訪者的靈感，一幅畫或許在將來某一個人的心中不斷的浮現，影響了他的人生，表演藝術家在台上的音樂、舞蹈、戲劇或許與在場者心中最深的聲音產生了共鳴，或是至少讓他今晚得到一晚的舒適安歇，而藝術中心所舉辦的某一項展演正在改寫藝術發展的歷史，甚至可能使得這個學校在音樂藝術的歷史上留名。這都是我們無法預期的。

對於我們這些表演藝術人而言，最大的期待，就是有機會能與大家再度相約在清華的校園。

**孫自弘**

2007年12月在清華大學合勤演藝廳舉行獨奏會。美國密蘇里大學音樂藝術博士，主修法國號演奏，為國內首位以此樂器獲得博士學位者。從十三歲開始學習法國號，畢業於光仁中學音樂班及輔仁大學音樂系。曾與國立台灣交響樂團、輔仁大學弦樂團、台灣管樂團合作演出協奏曲，並且多次舉行個人獨奏會。目前任教於國立嘉義大學、國立台中教育大學、中原大學、國立新竹高中、新竹國小，道生聖樂學院等校，並且參與音契合唱管絃樂團、密蘇里聲波室內樂團、THT法國號三重奏的演出。除了法國號的演奏教學，孫自弘也時常發表音樂性質的文章，曾經在台北佳音電台主持聖樂節目，於2005年出版《法國號的熱嘴與練習》一書，是研究法國號的經典之作、必讀之書。個人音樂語彙表現豐富，有濃厚的個人色彩，音樂評論者曾譽為「音樂舞台上的巨人」。他演奏時風度翩翩，被譽為「穿著燕尾服的優雅演奏家」。（**執編撰文**）

# 藝中人的回想 迴響

## 繽紛

醞釀輾轉、破繭而出、羽化繽紛！

● 葉錦添個展作品〈原慾〉

# 穿梭東方文明藝術裡
## 一把持續燃燒奔放的火—徐小虎 (Joan Stanley-Baker)

文/ **黃子芸、戴卓玫**

　　見閱徐小虎，如同打開一罈經過歲月醞釀而成的老酒醋，獨有香氣與強烈後勁，令人一親近就沉醉。

　　徐小虎於1934年出生於中國南京。父親徐道鄰是留德的憲法博士，當過外交官、行政院秘書長，留德期間認識娶了德籍太太，生育三子，徐小虎身為長女，美國普林斯頓大學進修了兩年亞洲藝術史後陪著研究日本美術史的丈夫前赴日本，為日本英文日報The Japan Times以筆名Jennifer S. Byrd寫藝術評論專欄，獲得近距離驗賞日本古今藝術。後來擔任加拿大最西邊的維多利亞美術館首任東方藝術主任。為英美藝術出版社Thames & Hudson撰寫 Japanese Art日本美術。但因為想到故宮提畫研究中國繪畫斷代的重要問題，離開該館赴台灣、任職國立台灣大學外文系專任講師檢驗畫作、收集資料。之後於英國牛津大學東方研究所撰寫博士論文提供中國書畫鑑定斷代的方法論，以及擔任澳洲墨爾本大學藝術系所副教授，而後於1991年來到清華大學擔任藝術中心主任，在獨特開朗的環境裡一待待了三年。

　　獨特的成長背景與學歷，讓徐小虎除了擁有跨國籍的血統與面容外，更擁有一顆包容著東西方文化的心。強烈追求藝術美感的獨到眼光，感染著當時尚稱保守的台灣學術與社會，她以無比直率的態度，勇於挑戰她所認為已僵化制度，並以不妥協的作為企圖突破傳統思維，讓有她存在的清華藝術中心，處處充滿著活力與衝勁。如同一把持續燃燒的火，努力無私地要將自身的理想與熱情，渲染給周遭人群。

### 三年內要成為國際性的藝術中心

　　徐小虎老師，是繼創設中心的宋文里後接棒的藝術中心主任。

　　一直在國外藝術部門與學校任教的徐小虎老師，會回來台灣是有一段機緣的。當時在澳洲墨爾本大學教書的小虎老師，因為學校有一個職缺，於是寫信給她在台大任教的

徐小虎老師近影

好朋友──王秋桂教授，希望他可以來墨爾本大學擔任中文系主任；沒想到轉任清華大學的王秋桂教授力勸她回國，說國內有好多的事等著她做。熱心的徐小虎二話不說決定回來台灣。第一學期為清華大學客座副教授，第二學期才在劉兆玄校長的鼓勵下，接下了清華藝術中心主任的位置。

　　這個單位的主任，通常由學校的教授兼任行政管理職，當時劉校長會邀請她來接任藝術中心，主要因為小虎老師在加拿大時有做過美術館，在美國十五年也是藝術學校的相關背景。當時劉兆玄告訴小虎老師說：「第一，學校沒有預算給藝術中心；第二，希望中心要在三年內成為具有國際知名度的一所藝術中心，第三，妳的舉動都有創意，而創意在本校時常是違規的；妳盡量去作妳想作的，不必問我，而每當學校單位說妳違規時，我會請我們主秘李家維來講解。我們這兒法規特多，如果妳犯了第23條的話，李主秘會幫妳查書解釋，可能發現那符合第71條。」來自美國最具創意藝術學校Bennington College裡學成的小虎，秉著為藝術而服務的精神，毅然決定接下任務，也成為清大藝術中心二十年來唯一的一位女性主任。

## 黃金夥伴　攜手邁向國際化

　　當時的藝術中心還是存在於圖書館裡的一個小空間，小虎老師心想：在這個小空間

裡要變成具有多功能性的國際化空間的確有難度，於是決定向教育部申請補助經費，第三年終於來了五百萬的經費，加上小虎老師向許多民間企業募款，許多事才得以進行。

在那個艱辛開創的階段，最讓小虎老師覺得珍惜的，就是得到了張惠蘭這位最佳助理與夥伴。「惠蘭想法跟我一樣野，一樣有膽子，不像公務員怕事，老說這不能做，那不能做。」小虎感性理想又浪漫的個性遇見了腦力、體力、美貌都佳，組織能力又超眾的惠蘭，簡直是黃金二人組拍檔。兩人每天工作十幾個小時，當時加班可是沒有加班費的，也顯示兩人是為了藝術而願意奉獻心力的。兩人從借圖書館一樓空間辦展覽開始，因為新竹風大，於是決定先辦起風箏展，那次展覽的題字是何懷碩所寫，海報是何的小孩所繪；另外現在藝術中心的標題字，就是由名書法家董陽孜所提，此標題也成了現已為收藏罕品的T-Shirt背面（正面為當時陳其寬、大陸版畫家尹欣、山東剪紙等創作作品），也是在小虎老師當主任辦她個展時所決定下來的。

「蕙蘭學姊很嚴格很兇，還曾經拿個便當進房間，要求我閉關寫完作品集的序文後才答應讓我離開房間回家呢！」在小虎老師像是說一個笑話的甜蜜過程間，可見兩人的珍貴友情。而藝術中心的歷年由惠蘭三校文稿確認後的雙語出版品，也是由這組黃金拍檔在職時完成累積了最多數量。

藝術中心在第三年內就接到來自法國、墨西哥、加拿大藝術家來信，主動連絡申請想合作展覽，這代表藝術中心的知名度已經大開了，達成了當初決定在三年內達到國際

王存武　清鏡　徐小虎擔任本公共藝術案召集人

化的目標。於是不僅策劃執行連絡海內外展出優秀藝術家作品，更組織帶領訓練清大工讀生佈展，傳遞更多美學藝術，也密集出版相關作品集畫冊（多數中英文對照），讓校園裡的藝術知識更充實。

## 直率不妥協的強烈性格

對許多藝中人來說，會被徐小虎熱情的做事態度所感動，更對她直率又不輕易妥協的堅毅個性感到印象深刻。小虎受西方教育卻研究東方文化（中國書畫史斷代、鑑定的研究，日本藝術史，絲綢之路考古文化傳播），加上長年輾轉在歐美、加拿大、澳洲、日本等國求學生活工作，自然對台灣的公家行政體制很不熟悉，還曾經鬧過一個很經典又令人啼笑皆非的趣聞。有一回小虎老師要請假，人事室要求她填寫「職務代理人」，她聽了反問對方：「為什麼是『植物』不是『動物』代理人？」……；對於寫表格、公文、採購、核銷等行政作業程序，她更是很不能適應，總認為藝術之類的單位，做事應該要更具彈性才對。

小虎老師還曾經為了提供師生像沙龍般的環境欣賞好音樂的服務，而堅持要買進一部百萬好琴——貝森朵夫，而與學校單位發生意見相左的情形。小虎老師堅持要買貝森朵夫，因為它適合比較親切的小型、為獨特（原為維也納貴族）聽眾的空間演奏，其聲音柔軟，充滿文本的藝術素養。這個想法起源於有一次小虎老師經過湖畔社團練習室，聽見有位學生正在彈奏蕭邦鋼琴樂曲，驚訝於學生有著比她優秀的彈琴技術，但音色裡卻缺乏藝術性，如同音樂裡少了靈魂。她心想：「沒有生命力的演奏猶如是死的，孩子這樣練琴太浪費、太可惜了！」心急的小虎老師顧不得校方撥編的預算與採購途徑，決定自費前往紐約買一部二手貝森朵夫鋼琴，希望藉此可以說服常到台北演奏的世界一流鋼琴演奏家（多半是她在美國音樂界的老朋友）來清華藝中演奏給學生聽，但是公文簽跑了快兩年未被「後劉校長」的校方單位通過。後來終於感動了台北貝森朵夫公司的老闆以及他們在維也納主公司的老闆，就能夠以100萬低價買到一部價值遠不只百萬元的貝森朵夫517鋼琴。

由於沒按照學校標準採購程序就購買，這個事件在校園裡掀起不小風波；但也由此看出小虎老師不輕易妥協的個性，以及為藝術中心全方位發展所做的用心與努力。「至今清華的學生，一直沒有機會如她願，可以聽到一流鋼琴演奏家用好琴，在舒暢愉快的沙龍環境裡演奏好音樂。」是小虎老師至今還覺得深深遺憾的事。

## 鼓勵校際美術聯展

也是因為小虎老師任內與張惠蘭的努力，才第一次開始連結四校聯展（加入竹師、交大與中華大學）。「以前的教育體制裡比較沒有互通的機會與彈性，辦這樣的美展，

可以使得各方不太對話互動的情景，找到一個重新接軌來往的可能！」小虎老師很重視藝術間的分享交流，也知道唯有藉由這樣的激盪，學生才可能更有想法。校際聯展的演變，到後來從傳統繪畫美展變成主題徵件展，從箱中密戲開始，每年換一個主題，而也從原來的新竹區四校，演變成現今的十三校聯展。

在她任內認為做過最棒的展覽，就是其任內第二次推出的展覽——「建築與生態道德展」，召集了十二位具名氣的建築大師在台上座談，也與觀眾互動（1992）。在那個一切以建設為準則的年代，能夠以先進的環保觀念來解讀建築，並延伸出一種生態倫理、土地倫理的概念，闡述建築與生態間的關係及綠建築的重要，不但領先時代很多，且經過多年之後也證實這是個趨勢。雖然那次展覽的十一項作品還稱不上是成熟的環保住宅，而且激起的效應如同「淚水流進熱沙裡頭，一下子就被蒸發看不見了」，但在觀展過程間若是可以影響某些人的環保意識與想法，應該就足夠了。

建築也是藝術所關係的課題，徐小虎說：「建築是我們的大衣服，靈魂的大帽子！」尤其在台灣發生過921大地震之後，她更認為台灣政府應該著力在獎勵設計，鼓勵用台灣材料蓋緊急救難的房子，先救人心讓人安心，期待我們可以面對地球，做出更多善意與好的建築展。現在謝英俊單槍匹馬在各種災區親自領隊重建工作，是她認為現代政府必須鼓勵和支持的。但是從台灣921地震至今，這種支持還是個夢想，即使無數無辜的難民在大家眼前受罪。

## 華人世界對藝術教育的忽視

「美國麻州科技學院（MIT）學生的1/3通識課程皆屬『核心通識』課程，對照台灣學生1/3通識課程屬『邊緣選修』，可以看出東西方對文化藝術的重視程度差異；西方教育很重視要學生學捏陶、烹飪、考古、音樂等文藝類別的學科養成，觀念是要教育他們先成為一個『完整的人』，能把文藝灌通於日常生活，之後才成為一個專業人士工程師之類的。」這個議題徐小虎常常在台灣的教育論壇上提出來討論；然而對文藝（心靈營養）重視的觀點，在以專科（飯碗）為重的華人教育世界裡卻總是不受到歡迎。

小虎老師認為藝術文化是很主觀的，決策不應該只是以投票決定，應該以更包容的心接納各種可能，才可以讓藝術沒有限制地發展下去。對於在台灣教育界要面對到的繁雜行政程序，以及與非藝術領域專業磨合的溝通與適應，對喜愛直言直往的小虎老師而言始終是一件苦差事。離開清大藝術中心之後，小虎老師一路在台灣藝術教育界裡努力著，心中一直有這樣的感嘆。

小虎老師嘆氣說著：「在美國時，會有四、五個老師願意花三、四個小時來談論一個學生隨時的作品或突然的家庭問題！可是在台灣，跟某位主導老師談到學生畢業作品時發現，與該老師牽涉到商業性行為。真是誤導學生、詐騙社會。文藝單位舉辦評審

時，多有老師在場推薦自己的門徒而不迴避！這種可悲的行為在台灣是極普遍的。在校務會議的話題，從來沒聽到提出為學生的教育內涵、程度、方法的話題，相反地，內容多是在討論對各老師或各單位本身的利益好處，真是不可思議！」直言的徐小虎老師在複雜的台灣教育體系下一路跌跌撞撞，但依然沒有減損她對藝術的熱愛，也一直聽得到，她對藝術教育的勇於建言與大力發聲。

## 藝術‧中心的重要

離開清大藝術中心十多年了，在藝術眼光與視野上總是搶先一步的小虎老師，固然感嘆台灣藝術開放步伐的緩慢，卻也高興於目前更多學校重視藝術中心，而有了不同呈現的藝術型態，並慶幸自己曾有參與過那一段開啟的路程。「鼓勵學生可以朝自己想要發展的方向去闖、去找尋內在生命的創意。」是小虎老師認為教導藝術的老師們應有的態度，也是對有心朝向藝術發展的學生們的期許。

就像小虎老師認為的：「喜歡藝術就請單純的愛惜那些體驗藝術的心靈經驗，那是內在的收穫，遠比「名作」旁邊附加的利益價值重要。再來，古書畫中沒有永恆不變的，有些局部就和我的眉毛一樣，顏色淡掉就需要補筆。」在藝術的空間裡，小虎老師心無窒礙，單純地追求美好、持續地燃燒熱情，始終相信著，在屬於美的天下，她畢竟不是孤單的！她退而不休，關心的層面由藝術界擴展到社界各層面教育、文化、農業、養生之道等等，而且時常在報章雜誌有其大作出現，她心中的火花永遠與大眾分享。

---

**徐小虎**

自幼因戰爭成長於多語言及跨文化的環境，對美術和表演藝術的熱切愛好，來自以人文教育知名的班林頓學院 (Bennington College, Vt.) 的薰陶，而其方法學的條理，則得益於在普林斯頓大學攻讀藝術史的訓練。其牛津大學博士論文被歐洲學術界視為一部為中國書畫斷代鑑定有開創性的研究，建立了更有成效的基準與步驟。她曾為其學院、牛津鎮和大學出賽划船，並榮膺牛津大學研究院女船隊（1986-87）隊長。同年參加首屆古希臘三列槳座戰艦Trireme首次在海上航行的實驗。如今退而不休。

教學與行政經歷：

1975-1980　加拿大維多利亞美術館首任東方藝術部長
1980-1984　國立台灣大學外文系專任講師
1987-1990　澳洲墨爾本大學藝術系所副教授
1987-1990　澳洲墨爾本大學副教授
1991-1994　國立清華大學藝術中心主任
1991-1996　國立清華大學教授
1993-1994　台灣省立美術館評審委員
1993　　　加拿大亞爾伯他大學名譽客座教授（2-3月）
1994　　　行政院文化建設委員會美術評審委員、中原大學建築系所室內設計課兼任授課
1991-1995　國立清華大學通識教育中心副教授、教授
1996-2003　國立台南藝術學院史評所教授兼學務長、專題講座教授
2004至今　國立台南藝術大學榮譽教授
2006-2007　東吳大學通識講座教授
2007-2009　典藏創意空間專題講師
2009-2010　中國文化大學駐校藝術家，持續策劃執行連絡海內外展出優秀藝術家作品……

# 獲得永遠大於付出

## 藝術中心義工團創始人—沈慰芸

文·圖/ **黃子芸、戴卓玫**

「希望藉由我的義工經歷，可以有一些不同的視野與讀者分享。」沈慰芸以她貫有的、慧詰的爽朗笑聲打開了話匣子。

### 抱持學習心熱誠付出

1983年，在美國待了十六年的沈慰芸，因為先生決定回到台灣竹科創業而落腳新竹。1989年，沈慰芸從工作上退休，生活中有了更多空餘時間，於是結合一些園區媽媽組成了蕙竹成長社。這個社團中的成員多是在家相夫教子的媽媽們，最初用意是聯繫彼此家庭、舉辦家庭間的聯誼活動與媽媽間的小孩教育學習分享，漸漸地擴增為溫馨義工媽媽團，義務為實驗中學的學生們在早自習講故事、中午營養午餐協助運送、維護早晚學校附近的交通等。不求回報的熱心媽媽們，天天在一起愉快做事。當知道清華大學有了藝術中心且要招募義工，這些媽媽們更躍躍欲試、非常興奮，覺得又有了更多新鮮的事情可以參與；尤其藝術，這又是一個可以學習的全新領域。

「那時候找義工可說是一點兒也不困難。當初園區的義工媽媽多是由國外搬遷回來的，竹科爸爸們大多拼著事業、非常忙碌；全能媽媽們除了安頓家庭小孩外，有空暇時間更樂於幫助社區附近的居民。」沈慰芸開心地回想起那段充實美好的時光。

### 以義工為橋樑與社區熱切互動

1995年，對藝術中心而言是個明顯的跨越。從單純大學校園裡的美育推廣教育單位，轉型成為與社區企業資源整合合作的藝術中心；因為擁有這群原本就來自社區的義工團媽媽當導覽，猶如是與社區溝通的橋樑，藝中活動得以推展得更順暢。而沈慰芸正是當時第一屆義工團團長。

當時藝術中心在每一檔展覽前，都會舉行密集的義工導覽集訓，大家都踴躍參加；

文化公園熱情參與的小朋友　2008（左圖）　文化公園陶醉其中的觀眾　2008（右圖）

義工媽媽們多半喜歡藝術，但以前沒有太多機會認識藝術的奧秘，抱著學習心態加入義工團的人於是非常多。「當時像是藝術中心主任彭明輝老師，以及洪麗珠講師，耐心給大家上課，讓義工媽媽收穫很多。也是因為有這個寶貴經驗，從此，自己成為熱愛藝術的人呢！」沈慰芸認為因為這個穫得，更讓她自此成為熱愛欣賞展覽與藝術的人，人生也格外多彩起來。

「藝術中心剛剛開展時，為了讓附近社區民眾能共同參與，讓藝術氣氛活絡，舉辦過許多互動式的活動，例如文化公園就是其中一例。」沈慰芸憶起了十多年前的文化公園活動，擠滿了許多小朋友一起開心作畫的愉快場景，就覺得活動彷彿發生在昨日，臉上端起滿滿笑意。

以前大家都嚮往歐洲國家的公園，在假日時都可以輕易接觸的藝文休閒活動，其實清大湖畔宜人的環境也非常適合。此外，因為室內展覽已經做到某個程度的精緻與飽和，從另一角度思惟嘗試，如果別人不走進展廳，那我們就把展覽表演藝術以活動的形式，搬出去戶外做。當時藝術中心推展文化公園的動機，正是為了讓藝術更融入生活裡的目的。

「當時物質不那麼充裕。我們弄文化公園、湖畔露天咖啡座等活動，在活動前一天，還專程跑去台北買東西，那時喝咖啡的風氣沒現在這麼普及；大家一起動手做插花佈置、開幕茶會點心蛋糕自己烘焙等，那真是一段開心的時光。每次活動時，每位義工兩手總是拿得滿滿的；記得有一次東西拿太多，以至於手上的錶不見了，自己都還不曉得呢！」這些因用心思與手感溫度琢磨出的所有活動細節，讓沈慰芸久久不會忘記。

## 參與過的每一場精采展出

「其實當時藝術中心的活動與展出能夠成功，絕對是大家共同的努力。」沈慰芸不敢居功地謙虛說著。當時許多展覽都令人印象深刻，像是原住民藝術品雕刻展，為了襯托作品，細膩地在展場裡鋪上稻草猶如真實的原住民部落般的場景；展示作品中還有從蘭嶼實際運來的船。那場展覽作品還是展品提供者林漢泉先生先以自己的房子抵押了一百萬元，將原住民的作品蒐藏起來，才得以運到藝術中心來展示的。

而讓沈慰芸印象中覺得最具挑戰性的一次展覽，則要屬張振宇的裸體人物展。那次策展的重點是想在作品中突顯出Nude And Naked之議題，讓欣賞者來面對藝術與色情的差異。展前策展人壓力很大，因為受到很多教授或行政主管打電話關切，覺得藝術中心在大學裡辦這樣的展似乎不妥，可能有敗壞風氣或做不良示範的疑慮；可是當開展後，看見導覽義工媽媽們都以坦然態度面對所有藝術品，並在現場為作品做詳細的解說導覽，讓原本有顧忌的教授們都閉上嘴巴，明白要以藝術眼光看待。義工媽媽正確的導覽態度無疑給藝術中心成員吃了定心丸，也消除了大家對此展覽偏向色情的疑慮。

　　還有一些抽象的作品也讓沈慰芸印象深刻。例如薛保瑕抽象畫展，藝術家在畫作裡打洞，掛上魚網，當時一般人對現代抽象作品沒有太深認知，覺得比較不能欣賞；後來自己在國外有機會看到更多現代抽象作品，才漸漸可以體會藝術家賦予作品的奧義。而一位素人畫家余進長老先生，他用很細很細的筆作畫，瞧他一筆一筆慢慢畫，呈現的竟然是很大幅的作品。這樣的執行力與眼光，都讓沈慰芸感動不已！

## 如同家人情感的義工團

　　在許多人心中，沈慰芸一直是最認真用心的義工團團長。在每一檔展覽期間，她會依照每位義工所填的值班表，在前一天晚上打電話叮嚀義工，提醒著隔天要記得來值班的事宜；就是這樣的細心熱誠，讓每位接到電話的義工都感受到團長用心，所以到班值勤率也很高。人跟人之間密切的接觸，情感的維繫，也正是第一屆義工團組織就很完善的最主要原因。

　　「除了藝中安排的每一檔藝術家導覽訓練課程之外，義工團會安排一年二至三次的藝術之旅，充實大家的藝術常識。」沈慰芸還記得有一次去拜訪紫藤蘆周渝先生的過程中所發生的趣事。在那天行程結束，一行人在回程路上，車子竟然開到一滴油都沒有而拋錨在路上，當時狀況連車門都沒有辦法打開，趕著要回家接小孩的義工媽媽於是非常著急，一位義工媽媽郭美蓉還因此從車窗跳出去，叫計程車回家。雖然義工媽媽們都沒有怨言，但身為團長的沈慰芸卻非常自責，覺得之前似乎就發現車子有些怪怪的，但卻沒有適時反應請司機檢查注意，以後也就格外注意相關的交通問題；也成為義工媽媽聊天回憶時會特別聊到的一段小插曲。

　　「我自己也是個母親，也曾經有段時間沒有工作在家帶小孩，可以體會到參與藝術之旅或義工的培訓活動，是媽媽們可以自由呼吸的機會；就好像灰姑娘一樣時間到就要消失於現場，因為5點前要結束活動回家接小孩。」洪老師想起當時並肩作戰的資深義工，道出那個時期裡的媽媽們的心聲。

　　跟很多媽媽一樣，喜歡到藝術中心來，是因為這兒提供一處可以再進修管道的機會，因此，好像有好幾位媽媽後來跑到國外進修跟藝術相關的課程，從業餘晉身為專業。

文化公園精彩打擊樂演出　2008（左圖）　文化公園熱絡的藝術市集　2008（右圖）

## 樂於與小朋友做導覽

　　沈慰芸做過許多次的展出導覽，在這些經驗中，對於小朋友接觸藝術的過程最記憶猶新。「未接觸小朋友前，總是會怕小孩子動手觸摸作品，或者現場秩序難以維護，可是實際上卻沒有。我記得小孩子看作品反而會帶給我新奇新鮮的觀點，感染他們的活力與創意，連自己都變年輕了。」當時為了讓小朋友對藝術更認識，其他夥伴像是子芸等人，還會設計一些學習問卷單，讓小朋友可以將看展心得畫下來或記錄下來，與其他接觸藝術者做美的分享，這些都是很好的互動經驗。

　　也因為這樣的導覽過程，讓沈慰芸可以更深沉地回顧自己學習美的經驗。「我反省自己小時候一路受的美術教育，老師只是發一張紙，讓大家自己畫，沒有談什麼美術史，畫家風格介紹欣賞的機會。還有以前教育比較權威化，很怕做錯說錯。」標準化的學科學習模式，導致在藝術教育上也跟著有對錯之分，分數的制約影響，也使得大人不如小孩般，可以用更直接且自信的態度說出對藝術品的直觀想法感受。

　　這又是沈慰芸在藝術中心時很大的一次獲得；也更肯定了藝術中心存在的必要性。

## 回到家般親切的藝術中心

　　「回到清大，就像是回到家的感覺。」沈慰芸發自內心喜悅地說。即使離開台灣再度前往美國定居十多年，有機會回來台灣，沈慰芸還是習慣來清大走走，並且來藝術中心欣賞作品；遇見了老同事、老朋友，更是如同見到久違的家人般的開心。

　　走訪過其他許多國家的博物館與美術館，覺得清大藝術中心比起那些國際級的美術館而言，除了規模比較小外，水準上可是一點兒也不遜色。「過大的美術館迫使觀賞者必須有所取捨，甚至於為了全盤欣賞而走馬看花；溫馨風格的藝術中心在精緻度上更勝一籌，有優秀的導覽人員與義工、舒適的觀賞空間，更能讓觀賞者融入與投入創作者的世界裡。」尤其，這個美麗的藝術中心，擁有許多自己以前曾經一同努力過的痕跡。

　　「每一個展覽都是很棒的經驗。即使多年以後，甚至有些畫掛在那個位置牆面，我都還記得。」這個經驗與啟蒙，對沈慰芸來說太美好，即使離開藝術中心後，沈慰芸都還在享受之中，延續著對藝術的喜愛，深化成日後對美的敏感性格。

　　在這裡，我們得到的永遠勝於付出的……，很感謝！

# 第一個義工的經驗與回想
## 成立初期的藝展紀錄

文/ **李宗慬**
圖/ **李宗慬·賴小秋**

　　清大藝中成立至今的成就與貢獻，除了工作人員的勞心勞力，還有我們的義工與工讀生，也是不能忘記的。彭明輝教授擔任藝中主任時，在資源缺乏的情形下，我建議他招募義工，並向清華交大眷屬聯誼會聯絡，安排一次招募義工演講，講完果然反應熱烈。多位女性的義工們，一直是藝中的支援力量；而藝中不但為她們提供各檔展覽的預展說明，和藝術家面對面提問的機會，又為義工們舉辦藝展與藝術工作室的參訪活動。

　　清大藝中成立後，我是第一個義工。在前面一篇談清大藝中成立的文章裡，我提到的第一個展覽是「膠彩畫展」。以下我再談後來我參與籌辦的幾個展覽：

### 「當代水墨畫家聯展」裡的名家

　　照片上藝中的首展是我建議並聯繫的「當代水墨畫家聯展」。記憶中有楚戈、羅青、李祖原、袁金塔等先生參展。我有幾張楚戈先生來參展時的照片，他看起來多麼年輕健康喔。

　　1986和1987是楚戈先生非常忙碌且活躍的兩年，1986年他除了在台北有兩個展覽，又在法國、韓國、香港等地有展覽。1987年則在台北展三次，且前往比利時、巴黎、舊金山各一次展覽，以及在清大藝中參加的「當代水墨畫家聯展」。如今年近八十的他一點不顯老，他的創作力仍極其豐沛。2008年他開始畫油彩畫，他說他和油彩瘋狂的談戀愛。但他不只用「報緣」的排筆畫水墨，或是結繩作畫，他的色彩在線條間，一點也不瘋狂。

　　大家都很羨慕他的黃昏之戀，五年前我在橘園辦的「敦煌藝術大展」，遇見插了鼻管的楚戈，由陶女士細心的扶著，一起欣賞敦煌的藝術。他看來相當病弱，卻是能愛、被愛；能欣賞、更能創作。

　　二十多年來，楚戈經歷了鼻咽癌、中風，雖然成了全聾全啞，但2009年上半年他

朱銘的「人間系列」在清大圖書館穿堂展覽留影

已辦了四個展覽，又出版了他二十幾年來的一部心血巨著《龍史》。在展覽中他用筆寫「你們知道我很快樂嗎？」在一幅畫上他寫「你聽到了嗎？嘿嘿，我聽到了，是雪的奔騰，是水的洶湧，是山的吶喊，是心的糾纏。」

　　羅青先生本名羅青哲，他自述所有的作品都反映時代，反省時代。少年時期曾師事溥心畬大師，他的傳統書畫也很好，十五歲即獲基隆的國畫首獎，他在輔仁大學唸英文系，二十一歲又獲輔大的書畫頭獎。去美國在西雅圖華盛頓大學唸比較文學時，就有一次水墨水彩畫展。雖然他說語意學和他的藝術關係密切，但他對藝術的興趣好像遠超過對英美文學的愛。

　　他用心探討百餘年來中國在美學、文學、思想與政治上所遭遇到的各種問題與困境，並要用他自己的藝術語言來表達他的解決或變通因應之道。他的創新技巧如「鐵網皴法」、「印泥設色法」、「金箔拼貼法」等。他的題材與構圖也顯然是非傳統的。他在參加清大「水墨聯展」的第二年發表了〈彩墨畫派宣言〉，主張要有現代化的中國精神，要有豪壯胸懷等。其實我常覺得成功的大畫家都很勇敢大膽，令人佩服。羅青是不會停留在傳統中的，他要做古典的轉化，做現代的反映，與後現代的探索。

　　李祖原先生畢業於成大建築系，再赴美深造，獲普林斯頓大學建築碩士。留美工作十二年後，他選擇回台成立建築師事務所，如高雄長谷世貿聯合國本是台灣第一高樓，而台北101更曾經是世界第一高樓，都是他們的大作。他的個人風格恢弘大器、英雄豪情，不但表現在他的建築上，更表現在他的畫裡。他連禪意也是盡情揮灑，他的黑與灰與白，能厚重凝定，也能迴旋，如他畫了多幅「寫意大山水」和「乾坤相」。

雖然多年來生活在西方文明的科技與藝術中，但他深知只有自己國家深厚的文化才能成為他安身立命、自由自在的天地，而這些都表現在他的水墨畫中。建築本不像作畫般自由自如，因為有業主，有社會，也常成為金錢與權勢的象徵。有評論家說李祖原蓋的清大物理系「如禪宗寺廟迴廊，包被靜修之虛空。」物理系師生聽了不知作何感想。多年來他雖聲望極高，但也爭議不斷，他的回應是「理想與現實衝突時，要堅持理想。」

還有「你可以不喜歡，但不能說他沒個性。」他在高樓之上會堅持留下中國的傳統建築符號，如斗拱、馬背等。60年代以來，到處都有差不多的國際式建築，缺乏在地的人文關懷，但在後現代的浪潮中，反功能，反實用，早已振振有辭了。2008年李祖原先生得了國家文藝獎，又在北京建了盤古大觀，2009年在5月間完成法門寺舍利塔。他不斷有驚世之建築，也不斷地作畫。在參加清大水墨聯展前後，他完成了物理館和人社院館的建築，我們怎麼會忘了他呢？

袁金塔先生本是彰化鄉下長大的孩子，從小就有繪畫的天份，台師大畢業時榮獲國畫、油畫、水彩三項第一，書法第二。因成績優異留任助教，一直到五年前以正教授身份退休。除了創作不斷，並擔任萬能科技大學創意藝術中心主任。他的畫反映了時代，也隨著個人的人生歷程而改變，從青年時期的鄉土浪漫寫實中，已看得到對歷史的滄桑感。執教數年後他去紐約深造，獲藝術碩士後立即回師大任教。到了我們辦水墨聯展時，台灣已因經濟起飛，加上政治上的解嚴開放，社會的改變更多更快。在袁金塔的畫裡，也看到更多的批判與嘲諷，如〈官場文化〉的可笑嘴臉。而女性物化的〈迷〉，也是水墨宣紙畫作，題材卻是多麼大膽。在半光半暗的光線裡，眾多女性埋頭以手抱膝，裸露的背後，被不明的黑紅斑點隨意噴灑，而她們只是靜止的。這樣悲慘的景象，仿彿又有美感，真是〈迷〉啊。

為了寫這篇文章，我打電話給二十多年沒連絡的袁先生，他很高興，並說當年我們

清大辦藝術中心，真是太好了。

## 朱銘雕塑大展

接著一個我建議並接洽的展覽是「朱銘雕塑大展」，這次展出非常豐富。從1980年左右開始的木刻人間，彩繪人間，和迥異其趣的太極系列，雖始於70年代，但綿延至今，已經跨世紀了。木的紋理，銅的流暢厚重，如衣痕，似水痕，流動的是氣，是力，

李澤藩先生作品展，清大校長劉兆玄前來觀賞。（左頁圖）
1988李澤藩夫婦（上圖）

還是生命呢？靜默而巨大的〈十字手〉，站立在圖書館前，還有穿堂中兩人相對坐談的彩繪人間，那些簡單質樸而生動的人生景象，似稚拙，又渾樸，和充滿活力的海綿鑄銅運動系列，散置在校園中，令人處處驚喜，無法忘懷。朱銘大師個人的樸實謙和，與他千變萬化又且爆發性的創造力，真是令人驚歎的對比。

每次看到購置的昂貴雕塑，又想到中央買了〈太極門〉，心中不免懊惱，二十年前為甚麼不買下站在行政大樓三角鐘前的〈太極門〉。附圖是展出後運走雕塑時的照片，心中實在依依不捨，雖然我知道人間處處，大師的雕塑要巡迴全台，旅行世界各地。

## 李澤藩畫展

我還建議並聯繫前輩畫家李澤藩先生來展出，因此得識李老伯和伯母兩位可敬、可愛的老人家。開幕當天來的人很多，相當盛大。李老伯終生從事美術創作與教育，又在新竹成立美術協會，貢獻很大，門生後輩很多，且對老人家敬愛有加，是因為他的人格和美術史上的地位，並不是因為他有幾位在學術上很有成就的兒女。

在他逝世二十年後，2010年3月間新竹市現任美術協會的會長呂燕卿籌畫了「跟隨大師腳步」的聯展，由李澤藩的學生和間接受他影響的藝術家，一起再來寫生李澤藩最愛的新竹風情。

## 教師校友眷屬聯展

這個畫展也是我建議的，來的人很多，其中有劉兆玄校長和宋文里主任的作品。還有位美籍畫家Laurie Karp的大幅畫作，她至今仍活躍於巴黎藝壇。她的先生是法籍的沙加爾教授，那時在中文系訪問。Laurie除了繪畫，也做攝影、陶塑、金工，涉獵非常廣。

## 羅伊坦恩織品展

藝中還由我聯繫辦了這個展覽，那時在台灣以織品為純藝術媒材的並不多，這位藝

術家是荷蘭人，約兩年前我發現一個她寄來的明信片，就寫信去問候，沒想到她已改作中國水墨畫了，真是令人驚訝啊！

## 恩斯特・倪茲維斯尼個展

這一位蘇聯籍藝術家的個展，也是我聯繫展出的。他是猶太裔俄國人，父母曾被放逐，自幼就被選拔為藝術資優生。十七歲從軍，二戰結束前身受重傷，被醫生宣布死亡並通知家屬，但他頑強的生命又活過來了。後來他再入莫斯科大學，獲得藝術與哲學雙學位。他在俄國一直享有盛名，多次獲元首頒獎，因赫魯雪夫在參觀畫展時責備他把蘇聯人畫得太醜，他就和赫魯雪夫大談藝術，結果他獲聘為國家藝術顧問，赫氏死後的墓碑也是由家屬請倪氏設計雕刻的。

他早期的雕刻多哀悼猶太人的苦難，後來的關懷對象則更為擴大，而被西方學界稱為人道主義者。其〈憂傷的面具〉是哀悼古拉格群島的奴工營，〈整肅〉是悼念史太林時期的受難者。而早在1974年為埃及阿斯旺水壩參賽獲選首獎所設計製作的〈蓮花〉，則是象徵人類友誼，而尚未全開的蓮花，矗立於大地之上。

他從三十歲起終生念念不忘的，是要做巨大的〈生命樹〉。當時我聽他說那樣包羅萬象巨大的〈生命樹〉，覺得有點不可思議。如今他有一棵約三四人高的〈生命樹〉在庇護島上的雕塑園中；2004年，又建於莫斯科鬧區一大橋旁。同年他獲選為俄國藝院榮譽會員，並獲普丁總統頒獎。像他這樣永遠對生命意義的追尋，不只是哲學的關懷，更是宗教的追尋。

回想起當年來展的藝術家們，如倪氏已八十二高齡，終生享譽，創作、著述、講學不斷。我們在二十年前請他來展，並有盛大的座談，何其難得。而在年頭年尾展出中外兩位雕塑大師的作品，他們的風格又是多麼不同啊！

## 張武恭個展

還有一個我要留下紀錄的，是一位新竹本地藝術家「張武恭個展」，那時年輕的他已表現出文學與藝術兩方面的才華，以及抑鬱孤獨的風格，偶然流露的嘲諷。二十多年了，他還是孤鳥的個性。

## 四校學生聯展

最後我要提的一個展覽，是我建議的「四校學生聯展」，這是為學生作品展出而規劃的。我因在清大水木一樓看見一個學生辦的小展覽，有一個小指路牌，上面寫著「我們的展覽在廁所旁邊」，因此建議為學生定期在藝中辦展覽，並建議擴大為校際聯合展。這個傳統一直延續下來，而且方式種類更多更好。

清大會館一景，入口處為林伯瑞〈候鳥歸巢〉作品。

## 工讀生

　　最後我還要提醒，不要忘記工讀生的貢獻。他（她）們的收穫當然不只是那一些工讀金，相信同學們對藝術的知識和興趣，是隨著工作經驗而增長的。「遊於藝」正是中國的藝術精神。眾多工讀生中，特別要提起的是吳宗憲同學，他除了特強的電腦功夫，又有隨和不計較的個性，其實他為藝中有一段關鍵時期的貢獻。他會再回藝中看看嗎？

　　我做了一年多義工，覺得好像沒有這種需要而退出了。藝中的發展壯大，應由歷任藝術中心主任和勞苦功高的工作人員再做詳盡的說明。因為藝術中心賴小秋老師的提醒，我寫下這篇草創時期一些活動的紀錄，是要記錄成立初期的藝展風貌。

# 藝盲與藝中的邂逅

文‧圖/ **邱紀良**

　　清大藝術中心已經二十二歲了！接到這個信息，我很驚訝。好像沒幾年前她才成立的，怎麼一轉眼就二十多了？回想起來，從1974年到化學系任教以還，我一直住在校園。絕大部分的時間都耗在實驗室裡。真是室中無甲子，寒盡不知年；倏忽就已三十六載。

　　從紀年上說，我應該是看著藝中成長的人，理應對藝中有一定深度的接觸與認識。可是慚愧得很，沒有，因為我是藝盲。從小學讀書起，社會上就沒有什麼人認同學習藝術的。加上另外發生的兩件事：一件在小二期間。我在走廊上玩黏土，由於太過於專心沒聽見上課鈴聲，沒趕在老師之前進入教室，得到的教訓是老師的手板子。從此我不玩黏土。另一件在初中。用了一整天，畫了又畫，我費心完成了美術課的周末作業－－鉛筆畫。次週上課時呈給老師。老師當眾說：「這不是你畫的。」「是我畫的。」「不要說謊！」那位老師真自以為是。於是我放下了繪畫。從此我離別了藝術，成為藝盲也不在乎。來清大任教後，雖然大禮堂在那年代一直是新竹地區表演場地的首

已拆除紅樓日晷（上圖）
日晷化工館前廣場 2006（下圖）

選，許多藝文活動都在那裡舉辦，我也沒利用就近的機會去認識、去享受。幾十年下來腦子裡能理解的東西就只有原子、分子。以致於有時候我會覺得獻身藝術的不是瘋了、就是狂了，不然怎麼會把寶貴的生命浪費在彈琴、跳舞、油彩和泥巴裡？

　　世事是無法預測的。十年前我冠狀動脈梗塞，幾乎送命。出院後仍然一直不適，我覺得活不過兩年了，就申請退休，沒想到兩年後身體反而好轉。這期間就有機會讓我回想過去的人生。忽然在我腦裡出現一個問題：在藝術家的眼裡我是不是瘋了？還是狂了？不然怎麼會把寶貴的生命浪費在一堆沒有生命氣息的破銅爛鐵裡？

　　這是無奈的矛盾。人生沒有幾次學習的機會。求學時期所忽略的、所缺少的，也許一輩子都沒有機會再找尋回來。甚至根本不會去找尋，因為從來不知道有所失去。生活的視野變得非常狹隘而不自覺。即使滋潤、豐富人生的瑰寶就在身邊數十年，畢竟還是

失之交臂。生命的拼圖最後必將留下一大片空白。這是多大的損失？我算不清楚。

　　清華學子何其幸運！二十二年前在幾位高瞻遠矚的教授建議之下，清大將藝術課程範疇擴充，並領先各校成立了藝術中心。不但強化了教室內藝術教育的份量，還統籌了整個清大校園的藝文活動。近年甚至還與地方社區產生了積極互動。活動內容涵蓋之廣、成效之好，遠遠超過我的想像。由於藝中的努力，學生生活與藝術已有緊密的關聯。在長期的、多樣的、優質的藝術薰陶下潛移默化，我相信我的那一片空白區域，在清大學生身上必然是多采多姿。真羨慕他們有這麼優良的環境去養成快樂的人生。近幾年在校園內經過工藝教室，每每注意到學生們愉快地在玩泥巴，總是不自禁地要回頭多張望兩眼。可惜時光不回頭，不然那些學生中必然有一個是我。

　　也就在養病的那兩年裡，我留意到太陽光影角度在室內牆上隨著時間而有顯著變化。所以反過來，若牆上先畫有尺度，看光影不就知道時間？那可不就是日晷？校園裡不就有一個？剛來清華時曾匆匆拜訪過它，三十年後我又來到日晷面前。這次要仔細欣賞。一邊看著時光如何在它面上流逝，一邊回想起小時唱的民謠裡的一句詞：「我的青春小鳥一去不回來」。原來那首民謠應該是給老人唱的？

　　再多看一會兒那日晷，卻發現它有幾處日晷規矩上的瑕疵，需要做些修改。我將這訊息傳給學校，希望學校能利用機械工廠將它做個改正。那時的副校長是陳信雄教授，主秘是葉銘泉教授。2005年有一天他們兩位找我去談這事。我以為他們要我在施工上幫忙校對，不料他們說：「你願意幫學校做個新的嗎？可以提一個計畫。」我解釋我只能在日晷功能細節上提供意見，卻不能主持一個計畫，因為我是藝盲。主秘說：「我跟藝中打個電話，請他們幫忙。」在這因緣下，我首次與藝中的年輕同仁們認識。她們每一位都十分熱心。其中林甫珊老師是受命協助，出力最多的。她很有效率地與我一同跑校園、選場地、介紹留法雕塑藝術家林伯瑞老師給我，甚至還替我包辦計畫書和一切公文往來。

　　林伯瑞老師是位十分出色的藝術家，卻非常謙和，處處為人著想。真是好老師、好朋友。完全洗清了過去我對美術老師的那種自以為是的印象。我們曾多次會面商討如何設計日晷。知道我是藝盲，怕顯露我的無知，他很少對我提出應該如何在日晷上表現出藝術氣息。由著自己辛苦撐著，按照我給的苛刻的日晷條件，設計出高尚大方的校園新日晷。2006年4月清華在台復校50周年校慶，日晷揭幕的那一刻，真令我驚艷、讚賞。除了中心晷體剛中帶柔不說，他將8米直徑的晷面以藍白碎瓷鋪設，既反映了水（水木清華），又反映了天（天行健，君子以自強不息），真是高明。

　　與藝中老師混熟了，在校園遇見他們，常被請去看展覽。尤其是賴小秋老師，更是經常為我解說，替我的空白補上一些顏色。她們的美意，不是一個藝盲的「謝謝」所能表示的。

# 穿越時空隧道

## 人文系和藝術的碰撞

文/ **彭美枝**

　　文化是人類生活的整體表現，文物則是人類文化可觸及的具體表白、歷史見證。藝術是其中的精華，是我在清大藝中體驗過來具體而微的豐厚累積，更是主修人文平面知識立體化過程的殿堂；藝術中心二十二周年我在期間已浸潤十來年而不知疲。謹盼有更多二十年永續不斷為華人學子提供藝術饗宴。

　　和清大結緣在80年代：好多歸國教授夫人團於每星期二在藝中樓上「英語會話」以來獲悉藝中招收「義工媽媽」；於是自空大人文系畢業後馬上加入第二組團隊積極參與每檔次事先講習、Opening、填寫義工時段、熱衷在藝術導覽；並和義工媽媽們有很好的聯誼互動，凝聚團隊精神。屈指數來歷經彭明輝主任、楊敏京主任、李家維主任、黃朝熙主任和劉瑞華主任，如沐春風般的濡染是大家都很喜歡參加的誘因。至於洪麗珠女兒老師、小秋、甫珊更是大家心生嚮往視覺藝術核心的原動力，藝術團隊中子芸、舒亞、叡恕、鳳英……都是家庭中不可或缺的一員大將，我就這樣一路和她們緊密聯繫過來。

　　於是每學期放假後企盼開展是引頸等待那第一次通知：「翁奶奶，星期五上午10點到12點是和藝術家面對面喔！」「我一定準時來！」就這樣有過可數陶醉在藝術中心和藝術家暨他們的作品環伺下提昇賞析品質，從最古典經緯傑作到數位美學、雕塑、陶瓷、攝影……，永遠是奢望和他們對話能激盪出生活智慧、碰撞出對地球的細微關懷。同時盼望進入藝術家們心境中的秘密莊園探索。挖掘不渝的無限寶藏就這樣持續下去！

　　清大藝中已然是我生活中最重要的那部分。仍持續有更多藝術家從國內到國外被大家在此注目。二十二周年之際誠懇期待更多藝術氛圍在此擴散、增強中。

謹以下面兩首小詩和大家分享

〈1〉木質被裡　千叢樣，以小搏大　萬種情；金屬類中　有數值，竟成無數　鏡中鏡。

〈2〉李子乾糧　皆酸性，曉性衷情　於藝境；科技環境　助益佳，鏡裡千迴　乃或靈。

# 懷念洪麗珠老師

文 · 圖/ **呂秀玲**

　　麗珠走了，令人萬分不捨，無盡哀傷。

　　早在我與麗珠相識之前，便經常看到她的藝評，因而知道清大藝術中心有這麼一位老師。我十分喜愛藝術，又因為先前住在清大校園裡而得地利之便，所以只要藝術中心有展覽便不會錯過。然而認識麗珠本人是在後來搬離清大，住進她所住的社區後的事了。

在清大蝴蝶園和麗珠喝茶畫畫

　　當時我們社區有個練外丹功的小團體，麗珠第一次手術後接受化療與放射治療的期間也來加入練功，我們幾乎每天一起練功因而熟識起來，後來還另外一起學太極拳，這段期間麗珠積極樂觀，雖然她自己得了嚴重疾病，除了努力增強自己的體能外，還不忘對其他有病苦的人伸出援手。

　　此外，我們因為對繪畫有共同的喜好，便經常相約到清大校園裡寫生。麗珠表示她一直以來重心都放在藝術研究，因而疏於藝術創作，但是她是相當喜愛創作的。這期間她帶著我們幾個朋友參與藝術中心的活動，此外還帶我們去拜訪藝術家，其中一處是竹南蛇窯，後來我們開始在竹南蛇窯學捏陶，一起度過許多快樂時光。能在她最後這一段人生旅程中和她一起享受創作的樂趣，真是有幸。

　　在麗珠身上我見到了一個在各方面都極度認真，極度努力的人，然而她的身體在第二次手術和化療一段時間後發現了癌症轉移，此後雖然她嘗試了氣功療法，並且自己努力勤練一種功法，然而身體狀況卻每況愈下，最後很令人惋惜的在2010年1月5日早上辭世。我想她最後一定是說：對不起，可是我已經盡力了。

　　認識麗珠的人都不會忘記她親切的笑容，也會永遠記得她的溫柔、仁慈、認真與聰慧。當藝術中心正在慶祝二十多年的豐收之際，麗珠卻離開了，真是令人不勝唏噓。

# 大學博物館的第一課
## 在清華發現藝術

文·圖/ **劉惠媛**

藝術欣賞的第一課，就是認識美術館。

Museum這個字原本是希臘文（mouseion），意即獻給繆斯女神的殿堂。試想希臘神話裡司掌繪畫、音樂、詩歌、戲劇、歷史、天文、修辭等九位藝術的女神都齊聚一堂，博物館當然是一個代表學習、美和沉思的場所。今天我們會因為追求一種與藝術的關連性，而進入美術館或博物館，無非就是希望透過藝術品或建築空間，尋找一種心靈的次序與和諧。

假設大學內就設有美術館，這個奇美的經驗，就可以早一點降臨在我們身上。我很慶幸，能在年輕的時候就發現了藝術的奧秘。舉例來說，一個好的展覽，往往可以提供一種簡單的效果，讓觀眾可以有能力去享受或瞭解作品並「體驗藝術」。因為，在指定的空間裡「觀眾的思維」往往不同於日常生活的經驗，在感情智慧上被獨立出來，觀賞者不斷地在視覺上被鼓勵、刺激和感動，使他們因為認識更多的藝術表現的形式而增加信心，渴望去看更多作品，知道更多的藝術故事。事實上，無論是人類學、歷史、藝術或科學的博物館，「展品」都是我們與知識間的媒介。因此有許多歷史悠久的大學都設有自己的美術館或博物館，**第一座現代公共博物館——艾許摩林博物館（Ashmolean Museum）1683最早成立於牛津大學。它是英國歷史最悠久的博物館，也是英國牛津大學四個博物館之一。在1773年開放給一般大眾參觀，堪稱是「現代博物館」的先驅。**

### 奇妙的旅程

事實上，除了牛津，我在赴美進修前，曾在家人的支持下，展開一趟奇妙的旅程。1989至1990年夏天，我就曾經參訪過美國東西兩岸的名校，包括哈佛大學、普林斯頓大學、耶魯大學和紐約大學、加州大學伯克萊分校和史丹佛大學的校園，除了認識學校的環境和藝術史相關學系，最特別也是我最感興趣的課題就是——大學附設的博物館和

美術館。年輕的我，當時並不知道這段旅程會從此改變了我的命運，旅途中我見識到世界寬闊美麗，愛上了博物館，發現博物館陳列的作品本身雖然並不能改變世界，但是作為公共空間，這個奇妙的場域會形成一種可以測試、檢驗及想像的空間，人們在這裡重新經歷古老的真理，探討新的可能性。

旅行，肯定會啟發年輕人的心智。美國之行影響了我的研究興趣，間接地改變我人生方向。現在回想起來，我的志向從藝術史研究，轉變成著重研究應用與詮釋溝通並重的美術館與博物館，包括我後來的學業、婚姻和工作，命運早有安排。

## 前傳

近幾年中，我們不遺餘力地加強人文的教育。在人文的領域中，藝術無疑是不可或缺的一環。我們以此而出發，但願能不斷吸引夥伴來親自加入藝術參與的旅程。
　　　　　　　　　　　　　　　　　——宋文里，民國77年清大藝術中心簡介

嚴格算起來，去美國留學之前，我在清華大學藝術中心展覽企劃的工作，是我第一份與藝術教育、展覽館相關的工作。1987年大學畢業後，隨著張元老師到清華大學工作，首先是擔任歷史研究所的助理，繼而參與教育部的美育實驗計畫，最後轉任共同科的助教。當時宋文里老師擔任共同科的主任，他積極推動和成立了美育推展小組，並獲得人文社會學院李亦園院長和劉兆玄校長的大力支持。民國77年清華大學成立了藝術中心，第一任的主任就是宋文里老師，當時在

清大藝術中心第一次開幕，草創之初在場地在圖書館八樓，沒有招牌，紅紙一張，大筆一揮，開啟清華校園藝術新視野。圖為宋文里主任（中）、劉惠媛（左）及魏斐瑛合照。

學校還沒有找到適合的展覽場地，因為欣逢清華校慶，所以我們第一次在校園內藝術出擊，就是在3月29日起，舉辦了為期三個月的戶外雕塑展——朱銘人間系列雕塑展。

二十多年前，地景藝術、公共藝術和雕塑公園在台灣還是非常少見的，許多人都未曾聽過有Open Air Museum這回事。這是清華藝術中心第一次舉辦展覽，當時總共借展了三十二件大型的作品，分別座落在水清木華的校園裡，一開幕即獲得熱烈的迴響。朱銘先生慷慨出借他最重要的兩個系列，一是大型雕塑作品——太極系列，全部設置在開放空間和藍天下，包括了〈太極門〉、〈太極推手〉、〈單鞭下勢〉等多件他最好的代表

1989年清大藝中舉辦〈多重的對話——系列活動〉，邀請鋼琴社、觀瀾社與畫畫社，分別與藝術家創造音樂、舞蹈和視覺藝術的對話，開幕當天，畫畫社的同學們與劉兆玄校長、宋文里主任和藝術家顧炳星等合影。（牟宗梅提供）

作。另一個是人間系列，則設置在校園各小角落、湖畔、圖書館及人社院。

誰也沒想到戶外雕塑會如此融合於校園景觀，校園裡林立的造型藝術，趣味盎然，人與自然的對話，讓朱銘先生自己看了也非常感動。當年他還沒有成立朱銘美術館，種種機緣使我們原本只借展三個月的時間，又延長了三個月。因為展覽實在很成功，我記得撤展時，有人提議或許藝術中心可以永久典藏一件大型的朱銘作品，留在校園變成清華的特色。據說，朱銘先生也有意願以較低的價錢賣作品給學校，可惜藝術中心草創之初，學校根本就沒有編列任何展覽預算，第一年邀請藝術家展覽，大概只有補助運輸費、一點印刷費而已。朱銘的展覽，已經是開幕特展了，我們印了海報就沒有邀請卡，更遑論典藏了。

## 首部曲

在清華，是我第一次接觸到展覽企劃與相關的業務，宋文里是引我進門的師傅、黃翰荻是我的啟蒙老師。宋老師有為、有守、有趣；黃老師對藝術執著無悔。當時我們還有一位顧問李宗慬老師非常熱心。所謂初生之犢不畏虎，因為這份工作，讓我有機會去逐一認識藝術行政、藝術教育、藝術評論和藝術創作者之間個別的差異，以及學會去尊重不同專業與經驗。

在朱銘的展覽開幕之後，學校終於同意將第二綜合大樓圖書館的八樓閒置空間，暫時讓我們作為展覽廳。第一次策畫展覽、第一次調燈掛畫、第一次編寫出版畫冊、第一次招募訓練義工……。草創之初只有我一名助理，後來實在忙不過來，宋老師就再聘請了一位兼任助理魏斐瑛。政大外文系畢業的魏斐瑛，是我從小到大的好朋友，她跟我一樣，當時都正在準備托福考試，要申請學校出國留學。所以就一口答應搬來新竹，加入我們的工作行列。她原本就有劇場幕後的經驗，吃苦耐勞且幽默風趣，頭腦冷靜又有領導力，從小就是辦活動的高手。我們雄心壯志排了十一檔展覽，平均每一個月要換一次新展，我倆每天除了工作，連吃飯時都在討論藝術中心的籌備事宜，簡直沒時間睡覺。

可是藝術中心真要動起來，憑我們兩個女孩子還是不夠。1988至1990年間，藝術中心的工讀生，主要是由畫畫社的成員組成，無論是物理系、電機或數學系的學生，只要有願意加入都是我們的好幫手。我們和藝術家一起佈展、掛畫、卸展和搬運，平日要排值班並負責展場安全，有演講活動時要張貼海報公告，周六日還要協助安排開放參觀等等。坦白說，假使當年沒有這批學生幫忙，清華藝術中心根本無法真正對外開放。只領基本工讀金，工作繁重又時常超時加班，學生就是義工。當年我們得把工讀生當成真正的工作夥伴（即使當時他們看起來實在很不專業，但每次均能順利完成任務）。事隔多年，我還是很懷念那些真心相隨，同舟共濟的夥伴，是他們教會我團隊精神。希望經過這一役，這批五六年級生埋在他們心中的藝術種子，哪天發了芽，可以和朋友暢談自己對藝術與人生的看法。他們之中現在不乏為優秀的老師、電子工程師、經理人，但也有人後來改行當建築師和廣告導演，選擇不同的人生路。許多位都成了我好友。

## 發現新世界

幸運的是無論是知名的藝術家或年輕的藝術家，當年大家對於沒有什麼預算辦展覽的清華藝術中心，都給予極大的熱情擁抱。還記得我第一次採訪新竹最資深的老畫家李澤藩先生，第一次到新竹中學見到《三月的哲思》的作者——史作檉老師，聽他談藝術的形上之形，第一次認識東方、五月畫派的靈魂人物——蕭勤、夏陽、劉國松等人，第一次辦建築師李祖原的水墨展，第一次搬陳正勳的陶藝作品，第一次接觸劉振祥的紀實攝影、章光和的電腦繪圖，第一次舉辦清華全校師生眷屬的聯合畫展，才知道劉兆玄校長十歲學素描會油畫……。藝術家們都願意嘗試溝通，認真介紹不同的藝術形式和觀念給清華人。而清華人，也開始願意慢慢地敞開胸襟接受視覺藝術的挑戰。

當年在清華藝術中心，面對一群認真優秀的清大師生，我的工作就是必須要扮演藝術的橋樑。或許，二十年前某天因為受到某人的鼓舞，我決定去策劃更多更好的展覽。又或許，因為每天我要面對一群聰明的理科生，他們對藝術非常陌生，是全新的觀眾，我必須要用淺顯易懂的方式，介紹藝術。結果，我從才華洋溢的創作者和觀眾身上，同時看到藝術的光與熱，是他們一起教會了我把藝術當作動詞，發現了博物館的生活美學。

**劉惠媛**

前世界宗教博物館副館長，為專業博物館人、策展人。主辦過「羅浮宮珍藏名畫特展」及「黃金印象——奧塞美術館名作展」等國際性美術大展。曾任職藝術教育基金會、擔任藝術雜誌總編輯，並製作主持公共電視「大家來逛博物館」系列，
2002年以《沒有圍牆的美術館》一書獲金鼎獎優良圖書獎。2003年拍攝「台灣博物館——文化座標」紀錄片，榮獲兩項國際影展銀牌獎。多年來從事藝術評論及寫作，目前任教於國立台北藝術大學博物館研究所。

# 藝術・生活・美學・修行

黃子芸

## 暖身——寫在文前

一篇文索字二千，反覆琢磨、磨刀霍霍了好些時日，難以下筆開始書寫，心中總有一問：「我，到底可以跟有緣的讀者說些什麼？」

問到底，希望是善益於讀者，多少帶有意義的；或者至少是能帶給讀者一些省思或感動……，這是我動筆寫文最顯微的初衷也是最終。

動機的起文，是因為曾任職過的單位已經歷經二十個寒暑，劉瑞華主任希望完成一本關於中心廿年的專刊編輯印製，所以有此榮幸受邀寫三篇文稿，一寫第二屆主任徐小虎陽明山居的訪談介紹，二寫義工團創團團長同時也是蕙竹社創社社長沈慰芸的訪談錄，三寫自己在清大這個單位工作多年來的互動經驗的分享。

這一回顧，彷彿要說的是，近乎我十五年的職場工作經驗生活與清大藝術中心。

## 藝術・生活

清大藝術中心存在於一所以理工科系所為主的大學裡，默默地扎實認真推廣藝術美育計畫，即使，清大有很多專注於本科學業功課的莘莘學子，畢業後仍不知有這個單位，可是，在台灣的藝術圈內卻是頗具聲望與好評，透過精心規劃的導覽，嚴謹專業的團隊人員引介優秀藝術家，在校園內安排動靜態的展演藝文活動，結合公共藝術案執行與不同屬性藝文空間，改善整體校園藝術美學環境視野，也與社區企業整合資源推廣藝文，還曾在1999年受教育部肯定，獲頒最優良藝術教育機構的殊榮，它同時也是台灣國內最早在大學裡成立藝術中心的單位。

1993年，記得那年我還在讀大三，特地專程從台中搭火車到新竹清大想看董陽孜的書法展，結果那天不知是正好休館還是我搞錯開放時間，我沒看成展覽，倒是對清大校園多綠樹草地湖水的自然景色印象深刻，覺得是除了東海之外，另一處很美的校園環境。

1994年，東海美術系畢業後，仍希望工作領域能跟藝術親近，因而捨棄考慮進廣告公司做美術設計或雜誌報刊美術編輯等機會，而應徵上清華大學藝術中心行政助理職務，從事展覽藝文活動策劃執行，與當時的彭明輝主任、洪麗珠講師、另兩位專任同事（同時也是東海的學長姊）傅美貴、蔡育田，以及一群清大的工讀生，和另一群也喜好藝文、熱情又有才華的義工媽媽們共事。

　　1995至1998三年半，第一份正式上班工作在清華藝中那個時期階段，我最常拿來形容單位的用語就是：我們像是個理想販賣部！販賣對藝術的喜好與熱情！

　　彭主任老是短褲涼鞋現身在大禮堂的新生入學典禮裡，宣揚人文與科技並重的教育理念，同時號召有志文青加入單位成為工讀生，夜晚與學生席地長談三至四小時的哲學與藝術理想，再不，還是短褲涼鞋進出校長室或學校會議室，甚至企業主辦公室募款爭取活動經費與單位辦公空間資源；還有義工團資深幹部利用空檔到辦公室趴在地上整理蔣勳老師的美學講座錄音帶，好出借分享給其他人，或假日協助支援戶外文化公園的活動，這些人，可多數是交、清大教授或是園區高階主管的眷屬太太們；我們同仁常常跟主任坐在美麗的成功湖畔，邊用中餐邊開會，雖然常常加班也沒加班費，可是大家都在做自己喜歡做的事，也不以為苦，尤其我受惠最多也最感動的是拜訪藝術家工作室，拍攝記錄談創作、生活、美學、美食、電影等，讓我學習收穫很多！

　　在藝中的這一段歲月，除了辦視覺藝術展覽之外，因為自己的興趣，邊做邊學畫家訪談的錄影拍攝與剪輯製作，再加上對電影的喜愛，而企劃執行了蚊子電影院，在大草坪放露天電影給大家看，還策劃主題性的俄羅斯藝術月系列活動，選辦塔可夫斯基影展、女性影展等。

　　還有1998年，為了想要顛覆傳統校慶園遊會形式，而整合工研院公關室、清大學生會、台積電福委會等單位，企劃合辦了藝術市集活動，也算是國內做的較早的藝術市集，第一次匯聚了半百的手工藝品攤位－－所以稱之為「百藝交集」。

　　這三年半跟幾位在藝中結識的義工、同事、藝術家、建築師，對於美學如何跟生活更自然的貼近融入，在實踐推廣的做法上有了另外想嘗試的可能性，於是1998離職後在清大附近找了個眷村房子，用自己的資源能力進行空間改造設計，開設經營了一家店－－竹籬，有美食、創意空間展出業餘素人畫家或年輕有潛力的創作者作品，週六邀會彈琴的音樂家來演奏，做近距離面對面的音樂賞析，選用新竹老師傅的手工竹椅與原住民的石板桌與木雕品塑造空間特色與藝術性，那是1997年夏天開幕的，雖然一年後我們因為股東之間理念不合而退出，但那家店至今還在，也已經超過十三年了。

## 美學‧修行

　　美的發生，可以在人情裡，即是愛的給予與付出都剛剛好，在不多不少和諧的情境裡。

美的發現，離不開自然、真誠，也少不了老天爺多給的一點點天賦。

美的存在，可以說無所不在，只要心意準備好，接下來只是行動……發現與呈現。

一朵案頭合著瓶身的花，一頓簡單味美食之安心的菜餚，一段悠揚的旋律跳躍的節奏，一幕動人驚艷的影像，一句貼心甜言蜜語，一個具有飽和張力純粹的色彩，一處停歇空白的角落，一塊質地柔細的布匹，一個對的人，一次意外……，都可以是美！

我，常常分享與鼓勵，在選擇藝術美學創作或設計道路學習或工作上遭質疑與生徘徊心意的人，首先，慶幸並感謝自己的家庭、師長、上司、老闆等給予支持與培養磨練，讓我們有機會選擇與自己興趣結合的科系就讀與就職，畢竟，從小到大，聽聞不少人無法選擇依自己的興趣學習課業與謀職就業，再者，選擇了所愛，就愛己所選擇，堅持理想與維持熱情，是一貫的精神與邁向成就的道路，無論如何。

熱情很難言教，唯有透過親身眼見接觸到了實體感染激發，才有機會！

我，一個學美術，對藝術美學生活有著強烈喜好追求也愛美的一名女子，試圖在食、衣、住、行、育、樂各方面都力行真善美，只想求所處的環境終致的共生、共好。

我，志在當個快樂自在的人，以自我的存在能創生美感與帶動他者與環境之幸福與快樂感為最高原則，否則寧願不在的心意面對所處的一切。

我，試著以最精簡簡約的精神去貫穿歷練，利用少與空的概念，面對檢視生活裡的種種，不論名利、財富、工作、情感、人際關係、家庭、朋友等，練習知足常樂！

我，於三十三歲時生命起了個大波折，像是轉了個大彎，卻也仍在一個又一個圓圈裡頭轉，體悟生命的況味，多似無常的流轉，有時恰如一片葉，隨風轉亦順水流，我渺小如水滴，偶在一處池塘停滯，偶隨急湍奔流，卻也體悟到生命終有一天，無論經歷如何，終似河川歸向大海，也似落葉歸根隱沒大地。

我，快四十歲了，現在最大的練習曲是，要這樣那樣，怎樣都好！把生命再打開……。

# 六個展覽
## 我與藝中的故事

文·圖/ **涂毓庭**

　　2005年4月的一個午後，我踏入溫度一年四季都冷冽的藝術中心展廳，我感受到毛細孔一陣緊縮。但在雙眼接觸到牆上的藝術品的瞬間，一股暖流從心底開始流竄到全身，而至今那種感動未曾間斷過。

### 在黑暗中看見天使的翅膀

　　初來清大時並不知道校園中有藝術中心這樣的機構，直到選修了「認識藝術」這門課，老師帶著全班來到藝術中心欣賞展覽，我才有機會認識這個我在清大校園中從未見過的神奇角落。還記得一進門眼前就看見一幅巨型的海報，照片中孩童天真的微笑呼應著四周牆上代表著和平安詳的天使畫作，我彷彿也和這一群生活在夾縫中的孩子一樣受到了眷顧，心中原本荒蕪的園地也因此開出了燦爛的花朵。而「探幽·在荒土廢墟中的無塵世界」這個展覽給我的啟發，除了讓我認識到藝術能夠穿越時空給人希望與力量，也讓我更加確信清大藝術中心將是我大學生活中一個不可或缺的補給站。

### 七張照片的故事

　　從此之後，我便開始密切注意藝術中心所舉辦的大小活動，連接圖書館與藝術中心展廳的走廊，成了我最常出沒的地點。在2005年將要結束的同時，我許給了我自己一個承諾，就是參加藝術中心所要舉辦的「紀錄我們的2005──七張照片說故事」徵稿活動，活動目的主要是希望能鼓勵非藝術專科學生利用影像進行創作。這項作業雖然在最後由於缺乏攝影器材而沒有完成，但是在觀賞他人的創作及與藝術中心的老師討論感想的過程，一顆關於影像創作的種子已經在我心中悄悄發芽。而我也在參與這次活動的機會之中，結識了藝術中心熱心發展校園藝術風氣的老師們，在我未來朝藝術領域探索的路途中給了我很多的幫助。

## 看見風的對話

　　接下來的求學生涯中，我又陸陸續續選修了不少由藝術中心老師開設的課程，包括林甫珊老師的「版畫實驗」，讓我在一個學期中遨遊嬉戲於銅板雕刻和印刷作品的樂趣之中。另外也參與了賴小秋老師所指導的「策展理論與實務」這堂課，課程內容除了能夠親自體驗策劃展覽的辛苦過程之外，也因此認識了許多藝術創作形式超乎想像的藝術家。其中最令我印象深刻的，就是也在2007年來到清大藝中展出的藝術家新宮晉的作品。當親眼在藝術中心的展廳看見「風の旅人——新宮晉個展」上，一座座小模型在輕微的風吹下舞動之時，我才開始相信新宮晉先生的作品〈無聲的對話〉真的有朝一日會矗立在清大的校園中，藉著風向清大的學子們傳達藝術的言語。現在每次經過人文社會學院前的草皮，總會停下腳步靜靜的聆聽，眼前同時也會出現藝術中心每位老師及工作人員，為了這件美麗的裝置藝術所付出辛勞的畫面，因為他們的堅持，清大的風有了不一樣的詮釋。

## 原慾肆流

　　時間來到2008年的夏末，此時我已經完成大學四年的學業，準備踏進社會，因緣際會之下，我有幸接下藝術中心每一場活動的拍攝工作。藝術中心的展廳從原本我學生時代下課閒暇之時的寄託，變成另一個我能夠更進一步追求影像創作的關鍵。就在這個階段，我遇見了那位默默的流著眼淚的少女，我看見了她，她彷彿也看見了我。「葉錦添個展」中的一件銅雕裝置藝術〈原慾〉帶給了我極多的想像和震撼，一個赤裸裸的少女坦露著她的外表在每一個人面前留著潸潸的眼淚，我們什麼也無從得知，但我知道那是每一個人都可以對應的內在風景。這樣的一個作品帶給我的印象，鼓勵著我朝著更能激發觀者內在省思的方向去進行我的創作，也讓我認識到創作藝術品可以來自於關心世界與自己的關聯開始。

## 閉起眼睛我仍然感受到光

　　2008年結束之前，我在藝術中心見證了我所看見過最澄澈的藝術作品。「幽微天光・流曳」的展覽是由三位視力受損卻從未放棄創作的藝術家，透過捏陶的手、握畫筆的手、還有磨墨的手，讓所有人瞭解到我們應該要看見更多世間的美好，他們受困於黑暗之中的靈魂照亮了我們每個人的心。特別令我深深感動的是，拍攝姚克洪老師及廖燦誠老師分享創作理念和過程等活動照片時，他們臉上綻放著最溫暖的笑容，而同樣的笑容也出現在出席活動的民眾和學生臉上，整個展廳中交會著幽微卻深植人心的光芒。而藝術家們努力不懈的創作精神，更成了激發了我進行創作的動力來源。

## 寂寞的樹，不寂寞的人

持續了在藝術中心拍攝的工作有一陣子之後，兩位曾經教授過我的老師，林甫珊老師以及賴小秋老師皆鼓勵我在清大藝術工坊籌辦一個有完整概念的影像創作展覽，一方面可以作為我的作品發表，另一方面也是考驗我思考創作的方向是否已臻成熟。第一次將自己的醞釀已久的意念，執行到實際的創作和佈展之上，這個過程中，我學到了很多我從未接觸到的課題。其中非常感謝藝術中心提供給我這樣一個機會與適當的場地，最重要的是老師們賦予我的建言與信心，讓我在踏上藝術創作這條路時不至於緊張惶恐，而是勇敢的繼續逐著夢前進。

涂毓庭　寂寞的樹（海報）

藝術中心這輝煌亮麗的二十二個年頭，我很有幸地參與了一小部分，雖然只有這短短的五年光景，卻代表著我在藝術追求的起頭最充實豐富且永難忘懷的最好時光。

# 「1994」那一年
## 從今而後，藝術豐富了我的生命

徐尚德

那一年的夏天，南風催促著禮齋內的眾人整裝出發，快步前往成功湖畔的大禮堂內參加新生訓練，我也隱身在物理系98級的行列之中。初為新鮮人的興奮、好奇仍不抵炎熱難耐的天氣與冗長演講的疲勞轟炸，精神已隨薰風微飄。直至一襲短褲、涼鞋勁裝的藝術中心彭明輝主任，站在台上如海灘浪花充滿活力地賣力號召，希望在以理工科系著稱的清華園能注入一股藝術清流。確切的字句無從考據，但大意是說：「藝術中心就在圖書館的正對面，有空的話來看看展覽，也隨時歡迎同學到藝中辦公室坐坐，一同為藝中的發展盡一份力。」

從小喜歡畫畫的我，禁不住彭老師的熱情號召，旋即向藝術中心報到。當時藝中主任的棒子才剛交接，但已卸下重任的徐小虎老師仍會不時來到辦公室走動，浸潤藝中不凡的氣息。徐老師那充滿熱情的笑容、誇張的肢體語言，讓我留下深刻的印象，於是決定加修她的「日本藝術史」，從此，在藝中的角色既是佈置展廳的工讀生，也是孜孜學習的修課生。

### 因藝術熱情而凝聚的朋友

在藝中的辦公室裡，彭老師及助理們為抓緊時間決定下幾檔的展覽作品，常召開午餐、晚餐會議。當時洪麗珠老師剛加入這個團隊沒多久，加上蔡育田和傅美貴（我印象中的白臉和黑臉），每位成員都有截然不同的行事風格，決策過程中，經常出現各持己見、對話激烈的畫面。剛開始，負責製作大海報牆的我窩在角落，還以為他們起了爭執，小心探出頭來關注戰情，每每會心一笑，原來大家是對於同一張幻燈片有不同的感受，正在熱烈討論。我靜靜地站在一旁，看著每個人盡情表達自己的想法，彷彿正在旁聽一堂拍案叫絕的好課。

慢慢地，我由搬隔板牆、調打光燈的展場組工讀生開始，逐漸步上軌道，開始承接

設計大型海報的挑戰（偶而會被美貴退稿），嘗試擔任大禮堂電影的幻燈片美宣，也協同藝中休息已久的單眼相機站上一線工作崗位，擔任美工組暨攝影組的工頭，為展場作品、開幕茶會及成功湖畔藝術公園的活動留下記錄。隨著科技的進步，我也運用電腦製圖的技術，幫每學期的畫展及音樂會製作DM。就這樣，與藝術中心的老師、助理及工讀生們，累積了無數個「做中學」的工讀經驗，成為往後在清華園中的甜美回憶。對我而言，值得珍惜的不單只是工作上的打拚歷程，更多的是那份歷久彌新的朋友情誼。

## 遊走他鄉後最懷念的曾經

　　千禧年的夏天，我離開清華前往荷蘭的烏特勒支（Utrecht）大學攻讀博士學位。同年秋天，偶然來到荷蘭中部的Kröller-Müller Museum，發現館內收藏大量的梵谷畫作和令人驚歎的戶外雕塑公園。眾多作品中，Marta Pan的漂浮作品〈Otterlo〉攫取了我的目光，它的特別之處在於，從各個不同的角度觀看會呈現不同的造型，可以是一隻優游的天鵝、翹起尾巴的鯨魚，或者是一朵漂浮在水面上的白色蕈菇。這個帶動人恣意想像的畫面，同時勾起我對成功湖藝術公園的回憶。

　　來到了歐洲以後，逐漸地感受到當地人們生活在藝術中的快樂。由烏特勒支音樂學院主辦的週五免費午餐音樂會、每年夏天某個週末的運河歌劇演出，以及每月定期舉辦的「文化星期日」，多彩繽紛的藝文活動我都不想缺席。在某種層面上來說，它們豐富了我隻身在外的孤單生活，也延伸了我與清華藝術中心夥伴們的六年點滴生活。

　　異地繁忙的博士後研究工作，沒有太多時間可以返台，每每回國總不忘到藝中看看，與大夥交換生活經驗的期待，也輕盈了時差的疲憊腳步。閒談之間，發現雖然拍攝幻燈片耗時又昂貴，我和幾位策展同仁、麗珠老師都還保有這個習慣，一見面，迫不及待拿出過去幾個月的收藏，眉飛色舞地述說各個影像的故事。儘管這兩年數位相機的便利淘汰了舊式幻燈片，但每個影像的背後仍蘊藏著道不盡的新鮮有趣。

　　多年之後，家中的小弟（徐有德）進入清華材料科學系就讀。年幼時的他常常開心地從台北南下在周末參加戶外藝術公園的彩繪大地，拿著粉筆在圖書館前的空地和其他小朋友一起創作。正式成為清華的新鮮人後，他有許多新奇的事物、社團可以嘗試，然而，當他問我來到清華，有什麼是非得參與不可的，我毫不猶豫地就說：「到藝術中心打工並參與各項展出活動吧！」就這樣，當初我因為彭明輝主任身著勁裝的熱情號召進入藝術中心，多年以來，這股藝術的涓涓細流持續縈繞在校園之中，在十二年後，有德也成了麗珠老師通識課的助教。這就是清大藝術中心迷人之處吧？（作者為劍橋大學化學系暨Wolfson學院研究員，本文寫於英國劍橋大學〔妹妹菁蓮潤稿〕）

# 我的藝中回憶錄

## 人生中學到的重要的一堂課

文/ 柯冠成
圖/ 賴小秋

　　有點忘了是怎麼開始的，跟清大藝術中心的緣分。似乎是某次彰友會的聚會上，我的家爺爺──才祐，提到了校園裡有這麼一個「打工的地方」；而當時，才祐正是藝術中心展場組的工頭。

　　一次偶然的機會裡，我跟著一群常玩在一起的彰友會學長姊們（依稀記得其中的當然成員有烏魚，還有已經到天堂去玩耍的阿右），開始了我在藝中的第一次工作移動隔板。還記得才祐俐落地指揮著我們每一個人，把隔板一一移動到定位，接著掛畫、打燈。「嗯……這張畫再稍微左邊一點，再一點……，太多了太多了，再回來一點。」才祐慣常的把左眼瞇起來，右手像基準線般放在鼻樑前來調整位置的動作，清晰地彷彿正在我面前浮動。

　　在我那個年代遇到的企劃人員都是很特別的人，之所以用「特別」而不用「好」這個字眼，不表示他們不是好人，相反地他（她）們都很好，只是他們特別的程度遠大於他們好的程度（笑），或許是那種獨特的藝術家氣息吧。

　　那時的企劃有古靈精怪的弘旻、氣質出眾的怡君、瀟灑不羈的長青，有像每個工讀生媽媽般的鳳英姊及麗珠老師，還有那時擔任主管的李家維主任。在展場組時和這幾位企劃工作，是很愉快的一件事，愉快的不是工作的內容，因為當時許多的收場跟佈場工作多是迫在眉睫、必須繃緊神經完成，但不論工作如何趕如何累，企劃們總是和顏悅色的指揮著。像長青總是會自顧自的說著些無厘頭的笑話；弘旻會朝氣十足的把笑容跟笑聲傳給每一個人，偶爾亢奮時會伴隨著些頻率有點高的叫聲；而怡君總是會保持著音樂家的優雅，然後慢慢的說出：「沒關係，慢慢來。」所以在我印象中，藝中一直是個很歡樂、很開心的工作場所。

　　一次偶然的機會下，與長青閒聊時談及我對美工的興趣，「原來你會寫POP字啊！那來幫我們製作大海報吧！」還記得長青是這樣說的。就這樣，長青開始教我使用繪圖

軟體製作大海報（一直到多年後的今天我仍然想不通，寫POP字跟電腦繪圖到底有什麼關係，或許是我比較老實，所以任由長青擺佈吧）。也就是從那時開始，長青把藝中的許多工作帶進了「電腦化」的時代。長青教我使用Photoshop及Coreldraw軟體，從如何設計出海報，到分割列印、拼貼珍珠板，再用噴膠把分割列印的海報貼到珍珠板上，最後再上一層膠膜。這些現在看起來再簡單不過的工作，在十年前卻是對藝中很大的衝擊，因為我曾不只一次聽別人說過，偌大的海報牆上都是各社團的手繪海報，只有藝中的海報是用電腦設計的，所以總是讓人印象很深。我想，長青的堅持確實對藝中的成長有些很重要的影響。

　　而對我來說呢，長青對我的虐待絕對不只是這樣（笑），不過也因為長青，我在大學時代學到了最多課本以外的東西。除了製作海報外，在電腦割字的價格仍然不低的那個年代，長青也開始運用卡點西德來割字，以佈置展場的門面，所以我也學到了另外一項技能——割字。也就在長青的訓練下，我成了美工組的工頭，所以後來即使長青離開了，一直到我畢業前，美工組的運作都還是照著長青的那一套走著，這大概就是所謂的陰魂不散吧。

　　平常時候的藝中也是個很溫馨的地方，還記得以前沒課時，即使沒有工讀也會往藝中跑，有時一群工讀生會在辦公室閒聊，還有討論如何讓藝中的工作能推展得更順遂；展覽的空檔有閒暇時，企劃們也會加入我們，不時的我們就有下午茶可以享用，或者有人去了某個地方，也會帶點名產來與大家分享。所以對我而言，藝中不只是一個工讀、學習的地方，它也是培養了我與這群獨特朋友之間的友情的地方。

　　從清大畢業後我進入中央大學就讀，直到今年進入暨南大學擔任教職，我發現伴隨著長大的沈重腳步的壓力，我慢慢的與「藝術」這兩個字漸行漸遠，白話一點大概就是沒有時間與心力去觀賞展覽與表演，這一直是我覺得很可惜的一件事。但是身為大學的教職，人文關懷與素養一直是很重要的一環；如果，我具有那麼一點點的人文關懷與素養的話，我都要感謝清大藝術中心，在大學這四年對我的陶冶及培養，這是我人生中學到很重要的一門課。（**本文作者為國立暨南國際大學財務金融學系助理教授**）

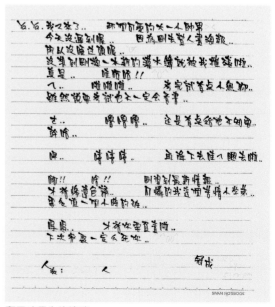

顧展時學生的塗鴉

# 回憶中的典藏
## 讓人生從此飄揚著音符的一次決定

林竹芳

　　清大藝中——這是一個對我來說帶點熟悉感又有點遙遠的名詞。曾經藝中是我在學期中每天都會去的地方，離開藝中以後，面對的是美國繁重的研究課業，以及忙碌的生活，藝中的一切漸漸地被另一種生活淹沒，然而關於她的一切我收藏到腦袋記憶體中那個最珍貴的角落。保存得好好的，關於藝中的種種精采，偶然在想念台灣的時候，或是看到牆上那張已經掛了三年的我的「最後的工讀生聚餐」紀念照時，回憶就會靜悄悄地浮現出來。照片中燦爛笑顏的大夥雖然早已各奔前程，藝中人們的臉龐，辦公室展廳的擺設仍然完整保存在我記憶裡。每當想起這個奇妙的地方，就無法克制地勾起更多的懷念，好多好多美好珍貴的回憶，如果有時間讓我講古的話，可能三天三夜也說不完！

### 打工外的奇妙之旅

　　記得三年前要離開藝中時，我好捨不得，當時我已是大家口中的「老工讀生」了，有多老呢？當時的紀錄顯示，我大概是史上待得第二久的工讀生了（現今不知有沒有人刷新紀錄）。我從大二開始「混入」藝中，老實說當時只是抱著打工賺生活費，還有「這真是個神奇的打工地點」的心態去的，哪知道這一待就是五年，也沒想到在藝中所獲得的不只是工讀金的回饋，真正珍貴的是許多永遠的朋友及跟藝中五年難得的情誼。

　　剛開始時我只是個小小工讀生，只會在有「任務」時現身，做完「工頭」或「藝中姐姐」們交代的任務後就走了，但是我這個人很「搞鬼」又愛交朋友，加上什麼工作我都願意做，在沒人搬隔板時候常自告奮勇加入「重訓」格板工作群。所以很快的就跟展覽組、音樂組工頭，還有策展的人混得很熟，也從他們口中得知很多打工「密技」。

　　下一階段我更滲透進入藝中職員的內心，感受到藝中獨特的氣氛，還有很可愛的工作團隊。記得我第一個幫忙的展覽是2001年的「梅竹陶藝雙年展」，之後有「中國早期水彩畫的寫生觀」，這是讓我印象很深的佈展經驗，當時跟著策展人賴小秋到收藏者謝嘉聲家包畫，策展人仔細耐心地教我們那群生手如何安全地保護、包裹、搬運藝術品。當時我對於能親眼欣賞，還能親手保護搬運這些藝術品充滿興奮，覺得能幫忙一個展覽完成，真是我的殊榮。

　　雖然我主修動機系，每天接觸硬邦邦的工程原文書，還有又臭又長的公式，但是其

實我對藝術跟音樂也有很大興趣，所以在藝中打工讓我很開心，一點都不像在工作，加上本人雞婆愛打雜的個性，藝中很多瑣碎雜事剛好跟我個性一拍即合。漸漸地我在藝中待得時間越來越多，藝中就像我在清大的第二個主修一樣，即使不打工時，我還是喜歡到藝中去hang out。我常跟人家說：在清大我這隻「狡兔」有三窟：系館、宿舍與藝中。甚至到了研究所階段，宿舍這個第二窟退化成「只是回去洗澡睡覺」的地方。

## 完成的成就與被鼓舞的自信

由於藝中的工作性質，常常到了晚上還是大家加班趕佈展、撤展，準備藝術表演、音樂會或是影展。所以我索性沒課就直接「回到」藝中，晃晃看看有沒有人需要幫忙，藝中的舒亞姐常常說我們是閒不下來的人，真的很貼切，我喜歡那種可以忙到三更半夜的打工生活，很享受那種可以工作到忘記時間的樂趣。

從「梅竹陶藝雙年展」起，我五年來幾乎每個展覽都多少參與了佈展、顧展或卸展的工作，也因為這樣，深深了解到一個展覽從籌劃到落幕需要多少人力與時間的籌備與合作，真的不是一件簡單的事。幾個月前就要聯絡藝術家，確定展覽細節，學期前要確定當學期的摺頁及宣傳，要寄宣傳給各大院校級藝術愛好者，展覽快到了要佈置展廳，開幕茶會，找工讀生及義工顧展。展覽結束了要清理展廳，歸還藝術品等等。記得每當學期初或是展覽快上檔，藝中的桌上就會疊滿了待寄的海報或摺頁。我跟另一資深工讀生曉鈞同學，開始戲稱這些寄海報寄摺頁宣傳的工作為「藝中家庭代工」，因為工讀生們就是一條生產線，不停的折海報塞信封，貼名條標籤，雖然看似是無聊工作，但是在過程中大家因常聊天而熟識，是非常特殊的經驗。

除了靜態的視覺展覽，藝中有許多的音樂會及藝術表演節目。當時這也是很熱門的打工項目，因為工讀生可以一邊欣賞音樂會一邊打工，有時候還可以看到藝術家幕後的「真面目」（因為要送便當給他們吃）。大四那年我被酷酷的怡君姐「看上」當上音樂組工頭，開始有機會「使喚小工讀生」，幫忙音樂會與表演工作的幕後籌備。當了工頭，讓我學習到如何當一個小小領導者，對於我是很大的鼓勵，因為我從來就不擅長站出來說話或主動發號司令，當了工頭不得已只好訓練自己要有工頭樣，這個經驗真的對我影響很大，也增加了許多自信。

感謝藝中五年的「栽培」，打工的第一年半藝中尚未整修，展廳的隔板並不是現在很user friendly的拉動式格板，而是必須一片片從儲藏室用推車搬出來，兩個大男生合力搬移才可以站立固定的「老扣扣、重歪歪」的隔板。我真的學習了好多，不只是在藝術方面的陶冶，還有許多難得的經驗跟情感，感謝藝中的大家一直很照顧我，包容我的脫線糊塗個性及偶而搞砸的工作。很慶幸八年前我走進了那隱藏在鴿子廣場旁的藝術中心，打開門鈴鐺一響的那一瞬間，我已讓藝中在我的生命中響起美好的音符了。

# 我的藝中工讀路
## 青春歲月因藝中而美

許栩

很榮幸能夠以一個學生的身份，為清大藝術中心寫文章。能夠在這裡佔一塊版面的原因，是因為我在藝中當了兩年多的工讀生，其中更幸運地還當了展覽組與電腦組的工頭。以下是我這兩年多來，在藝中的記憶。

初進清華大學的小大一上學期，我選到了林甫珊與林伯瑞老師的雕塑創作課程，偶爾會晃進位於圖書館對面的展廳看看展覽，當時甫珊老師大力推薦我們參加「七張照片說故事」的攝影比賽，我則是在那之後畫了「夢想支票」平面創作比賽，不過無消無息，一年級的記憶便止於此。

## 當工頭訓練自己必須成長

二年級上學期時（2006年9月），在BBS上看到了藝術中心應徵值日生的訊息，便寄信去應徵，很幸運地得到了工作，當時帶領我們的是展覽組工頭汪睦容學姐，我也順便加入了展覽組。坐在偌大的展廳中觀看展覽與觀眾，在晚上七點時為展廳設定好保全系統，是我和藝術中心最初的接觸。

二年級下學期，展覽組工頭換成許芷瑄學姐，此時第一屆科幻影展開跑，我加入影展工作人員行列，當時參與影展的包括：UP、岑竹、景東、師堯、凱君、小貓等學長姐。我是個很慢熟的人，和大家沒有很熟識，但是我還依稀記得當時每個人辦影展的熱情，並且偷偷地崇拜著大家。在這之前，我不常看電影，但這一年的十部科幻電影我看了五部，即便塔可夫斯基的「索拉力星」始終沒看懂，卻也漸漸地沉浸於藝中的氛圍中。在二下即將結束時，芷瑄因為準備升學，招募了新的展覽組工頭，我報著挑戰看看的心情報名並順利接任，與藝中的關係又更緊密了。雖然因而推掉了系學會的幹部一職，但這個決定我至今不曾後悔。

三年級上學期，正式成為展覽組工頭，所謂工頭，就是負責調配人力、排班、擔

任老師與工讀生之間橋樑的角色。我們最初利用無名小站的BBS信箱系統來通知工作內容，因此必須要記住所有工讀學生的id帳號與名字，從一開始只認識幾位，到後來整個名單上近百人幾乎都認識，對不擅長認人的我，是一大突破；並且在無名小站關站之前，我主張把聯絡系統搬到清華大學的楓橋驛站，沿用至今。

資工系大三是最需要用功的年級，我必須發揮最有效的時間分配，除此之外，人際溝通、領導能力、活動參與及規劃等能力，也都因工頭一職而有進步。在擔任工頭期間，不免做了一些不恰當的判斷，但賴小秋老師和林甫珊老師也不會責罵，讓我在日後工作時更懂得小心謹慎。

## 電影讓生活更加多彩

三年級下學期，第二屆科幻影展開跑，暑假時看了幾場試映電影後，不知不覺被徐舒亞小姐加了電影組的郵件名單，加入了全新整合的電影組。這一年的電影組是我認為的超強組合，有電影通的聿珩、Debby，溫文儒雅的冠文、小昱，電腦器材好手智仁、子龍、昱瑋，精美手冊主編的小珮，以及隨時給大家活力的徐子、詩媛、光利等人，再加上影展領導人舒亞姐與蘇格貓底店長貓哥，和這些人一起合辦影展，十分愉快！夜貓子電影院即使不播鬼片，但「希區考克影展」中的《鳥》與《驚魂記》相當震懾；「柯恩兄弟影展」展現黑色幽默，其中《冰血暴》和《扶養亞歷桑納》，都是我相當喜歡的作品，若不是夜貓子電影院，我就不會接觸到這些傑作。而該學期舉辦的「心手相連‧華麗帽險」的手套帽子設計比賽，也很幸運地以蛋糕形象的帽子得個佳作。

四年級上學期，原本電腦組的工頭智仁畢業了，舒亞姐也建議我接任，因此我又多了一個電腦組工頭的身份。又在這學期，大一新生必修的勞作服務也不僅止於系上，可以選擇其他單位、系所的服務，而藝術中心的展廳顧展也是其中一項，換言之，除了原本的義工媽媽、工讀學生之外，排班時又要加入勞服同學這個變因。藝中勞服課程是課外活動指導組總籌規劃下的一個項目，自97學年上學期開始，營運由賴小秋老師負責管理督導，我這位工頭便順理成章地多了勞服助教這個身份。在讓同學開始工作之前，我也一同參與課指組舉辦的學習演講，並為勞服同學分批講解展廳工作內容，那陣子課比較少，三不五時就往藝中跑。

電影組辦了「胡金銓懷舊影展」，從香港遠渡重洋來的珍貴35釐米膠卷片──《大醉俠》、《山中傳奇》、《迎春閣之風波》等，在幾十年後重現於清華大學大禮堂，也是我印象深刻的影展。這時加入電影組的惠玉、欣瑜、小白，也都是能力很強的電影愛好者。

除此之外，還有十幾年沒舉辦、由黃子芸小姐主導的「文化公園」。一整天的創意市集、露天音樂會、電影饗宴，很幸運能夠參與到。我最愛的經典喜劇大師「卓別林

影展」──《淘金熱》的麵包舞和《摩登時代》的solo唱舞表演，每看必笑；《城市之光》片尾那美麗的再相逢，讓我每次在回味時，一看到卓別林的眼神就不禁感動落淚；如果沒有在藝中待那麼久，大概也不會那麼頻繁地去看電影、看展覽吧。

## 清大藝中　心靈最放鬆的角落

四年級下學期，由於即將畢業，便著手尋找接班人，以便交接之後，還有一段讓新工頭慢慢起步的緩衝期。在這學期，事務交接之後，就慢慢退到幕後，再加上在離開清華之際，修了很重的課，便較少在藝中工作。即便如此，在想要休息的時候，還是能夠到藝中好好地放鬆。

藝術中心和夜貓子電影院是我在清華很大一部分的記憶，如果沒有藝中，那我認識的外系朋友會更少，也沒機會和老師們共事。在大學四年，我不只學到一般所指的三大學分，我在藝術中心與蘇格貓底，認識了許多長輩，或多或少地接觸到不同階段的人生觀，讓自己的視野更開闊，十分珍貴。如果沒有來到藝中，我不會知道塔可夫斯基和

葉錦添，我也不會知道創業真正的艱苦，佈展的程序、增重油彩畫可以多麼地重⋯⋯。即使我已經離開清華大學校園，但還是常常想起那些令人懷念的過往。

藉此篇文章表達我對清華大學藝術中心、夜貓子電影院的懷念。

「心手相連　華麗冒險」展覽場景，最右蛋糕帽子為撰文者的作品。

# 後記

　　麗珠，我一直稱呼你洪老師，因為從黃朝熙主任手上接下這個職務時，我特別問了他，該怎麼稱呼你。也許這樣把你叫嚴肅了，其實當你在辦公室的時候，我的心情最輕鬆。這本書開始的構想是從你身上來的，你告訴我，這個地方是作夢的地方，而且經常可以讓夢想成真。的確是我講過的話，可是聽你當著大家的面說：「主任說到了藝中之後生命有了新的意義。」我還是嚇了一跳，那時候我才來藝中不到兩個月吧，怎麼就會跟你說這樣的話。好像當時你對我講到你到藝中面試的情形，腿上打著石膏跳進藝中辦公室，地上鋪滿了紙，工讀生低頭跪著在畫海報，彭明輝老師光著腳忙進忙出搬東西，問了幾句就巴不得要你立刻來工作，也許他也想「腿不方便，不是還有手嗎？」我可是從來不知道清華大學有這樣一個角落，這樣的活力以及許多好玩的事情，一定要讓更多人知道。

　　從我第一次主持陳崑峰的個展開幕（2006/9/18），我開始有了致詞這個責任。通常開幕的早上你與小秋會遞給我你們寫的文章，不過我始終沒辦法把你們的文字轉成我的語言，經常都是憑著感覺想到什麼就講什麼。逐漸我習慣了把自己當成藝術家的朋友，每次展覽就像帶著他們到清華作客，讓校園裡的師生義工們也來結交這些朋友。不過，剛開始時，經常是你介紹我讓藝中的朋友認識我，經常從他們的眼光裡看得出疑問，為什麼教經濟學的會來當藝術中心主任。你經常幫我解釋因為我研究文化創意產業。其實我心裡知道這應該沒什麼關係，自己說不出口，你說了，我不否認，總算有個理由。

　　我感覺這個主任沒有白當是經過一年多以後，有一天下午五點多我進藝中，準備到合勤廳向晚上要演出的南美洲安地斯樂團打個招呼，怡君說這場演出排在週五晚上，恐怕觀眾不多。那是10月中的秋天，我隨口說如果能在室外表演多好。怡君竟然回答，可以試試看，他和工作學生馬上動手，把場地改在草地上樹蔭下新建好的野台。你和家人來，臉上有燦爛的笑容，我的心情放鬆多了。等到演出過半，熱情的外籍學生隨著音樂衝到台前跳舞時，你立即站了起來，揮手召喚熟識的學生一起上陣。那時我太矜，怡君太酷，舒亞還忙著攝影，真的不能沒有你。兩天之後陳文村校長寄信給我，告訴我當天晚上他和太太在校園裡散步，看見了這一幕，不過沒走近，很高興藝中有這類的活動。我想他大概怕有人會拱他上台跳舞吧，而你就很自然的能融於其中。

　　邀請新宮晉先生到清華創作公共藝術，是我到藝中後的大事，經過到教育部報告、

迎接藝術家校園勘查與溝通，我好像被帶進了藝術殿堂的廚房。等到設計定案，作品在日本大阪進行製作，執行程序中廠驗這一項難倒我了。我們能到日本進行廠驗嗎？小秋的一句話「即使自己花錢，也應該去」，讓我硬著頭皮上簽呈。張石麟副校長之後還打了電話給我討論替代辦法，沒想到最後陳校長全力支持，讓我們做到了原以為不可能的事情，我和甫珊、小秋、舒亞到了藝術家新宮晉與保子的家裡。沒想到，回來之後，卻知道了你生病的消息。更讓我自責的是，早在我們計畫去大阪之前，你已經得到醫院的告知，卻為了不讓我們牽掛，等回來之後才說。

　　說實在話，一開始我對醫療很有信心，認為經過半年你就能煥然一新回到藝中。你手術後開始化療時，還開玩笑要買頂爆炸頭的假髮。不過從你開始請假，隨著新宮晉來到校園安裝作品，藝中裡卻越來越緊張，每個人的情緒都緊繃著。終於安裝完成，新宮晉在北美館演講的前一天，我上完課接到甫珊的電話，感覺她好像要抓狂。往藝中的路上，我忍不住想：「我幹嘛惹上這些麻煩。」問題總會解決的，隔天的演講順利完成，晚上在台北故事館吃飯，林懷民老師應邀前來，一起看Jiri Kylian的舞作影片裡新宮晉所設計華麗又危險的帽子。我看得出來，林老師的魅力讓新宮晉與夫人保子展現了來台灣後難得的興奮。飯後林老師還邀請新宮晉夫婦一起去洗溫泉。送走他們，又送走你們後，我和妻子在秋夜裡散步走向捷運站，我感覺一種從未有過的活力，我們為這個世界創造了一點值得珍惜的東西，一切是值得的。

　　你那時似乎也沒把生病想的很嚴重，請了假還是沒放下博士論文的研究，在我這個已經看透學術煙雲的過來人眼裡，心情是很複雜的。這是一個有夢想的人呀，癌細胞哪能擋得住她。藝中應該是一片field of dream，我們要鼓勵學生實現夢想，這段時間每次你出現在藝中都會提醒我別忘了這個使命。

　　藝中二十週年了，我們在2008年的校慶，邀請宋文里、彭明輝、黃朝熙幾位前主任，以及李宗懂老師回來談往事，更確定了出版這本書的計畫。下午的音樂會舞台上，有瑞士回來的駐校音樂家黃義方拉小提琴，剛到上海高就的陳建安拉大提琴，交大的辛幸純老師彈著鋼琴，還有一位旅居墨西哥的阿根廷黑管演奏家，演出一位西班牙作曲家的最新作品，多麼奇妙的機緣讓這些人齊聚一堂。演出幾首曲目之後，竟然從合勤演藝廳外傳進了室外音響的低音聲，我知道那是晚上要在戶外舞台上表演的蘇打綠沒遵守約定，提早開機了，這回我又不得不扮演另一種主任的樣子。

　　忍到了中場休息，我快步往外走，門口幾位工讀生顯然交涉過，卻沒得到回應。我邊走邊喊，叫負責人出來，一直走到室外舞台前面才有個紫臉大漢過來，他完全沒有要讓步的樣子，當然嘛，他們可是蘇打綠呀。這時候我擺定豁出去的態度，說了這輩子沒想過會說的話：「你們要搞砸我的演出，我就能搞砸你們的演出，你不相信就試試看。」然後轉頭就走，走了兩步，那人就叫「老師，別這樣，有話好說」，然後答應等

音樂會正式結束再開音響。我走回合勤廳剛坐下，燈就暗了，音樂演出重新開始，沒有了室外的干擾，我卻全不記得聽了什麼。

第二天到藝中你們已經談過昨天的事，鳳英說：「主任是男的還是有好處。」我只能笑笑說這是在這個位子上必須做的事。在這個位子上我的確會遇上一些並不想做的事。我自知不是個體貼的人，在你們這麼多位女生之間，我偶而會感覺些無法瞭解的彆扭，往往因不想招惹私事，順其自然。從一開始我就認定你最成熟穩定，和你講話比較直來直往，也很想依賴你來安定藝中裡的情緒。你請假治病期間，雖然還經常到辦公室，我知道應該儘量不讓公事給你負擔，我心上的壓力可不小。

你一年病假期滿，我真的有點如釋重負，記得嗎？我還找機會唱了首歌。那是從好客樂隊在清大的演唱會上學來的：「如果我沒有受傷，我現在會在遠方，……」。其實，我們都曾經受傷，有夢的人更容易受傷，因為並非每個夢想都會實現。怡君、甫珊在藝中的工作之外，不曾放棄他們的演出與創作，而小秋對策展的工作用盡一切心力，都在為著夢想努力。鳳英會從義工變成藝中的工作人員當然也抱著夢想。較晚加入藝中的舒亞與小恕也有她們的夢想與傷痛。雖然夢想可能還在遠方，你們都仍然繼續努力。

不幸的是，你的傷痛很快又再出現。當你告訴我，身上的癌細胞竟然頑強的抵抗了幾度的化療，我真的不知如何以對。我幾乎很憤怒的想：「怎麼會這樣？」不過，縱使我忿忿不平，仍然相信你會通過磨難。這段時間我們看見義工翁奶奶、藝術家高燦興都從癌症中奮鬥過來，我們都認為你能克服病痛，繼續追求你的夢想，希望你能知道我們都祝福你。

開始策劃這本書時，我想的書名是《但為君故》，典故來自曹操的短歌行「青青子襟，悠悠我心，但為君故，沉吟至今。」這個「君」原先設想的是藝術中心，是學生、是藝術家、是那些關心大學發展的人。編書的工作接近終點，我越來越覺得這本書是為了我在藝中所認識的人。我知道不應該讓這本書的重量落在任何人的身上，於是接受建議改了書名，但心中所念的還是你們這些人。書完成了，最應該感謝的是小秋，我想她能瞭解為什麼我把這些感想說給你聽，也希望你不介意，我把給你的信公開給大家。

祝福

 2010.1.4

---

**後記的後記**

寫完後記，我將文章寄給了麗珠，第二天與小秋到出版社交初稿，在地下室裡討論了一下午，晚上回到家，在手機簡訊裡知道洪麗珠老師當天上午在醫院裡病逝，留下了許多遺憾，以及無限的回憶。

國家圖書館出版品預行編目資料

藝於言表—徜徉清大校園的藝術中心 /
　　　　國立清華大學藝術中心 / 策劃編輯--
初版. -- 臺北市：藝術家，2010〔民99〕
224面；17×24公分.--

ISBN　978-986-6565-77-9（平裝）

1. 國立清華大學 藝術中心　2. 文集

525.833/112　　　　　　　　　　　　99003563

# 藝於言表
## 徜徉清大校園的藝術中心

策劃編輯 / 國立清華大學藝術中心
總編 / 劉瑞華
執行編輯 / 賴小秋
特約審稿 / 戴卓玫
專輯攝影 / 涂毓庭

發行人 / 何政廣
編輯製作 / 藝術家出版社
台北市重慶南路一段147號6樓
TEL：（02）2371-9692～3
FAX：（02）2331-7096
郵政劃撥：01044798 藝術家雜誌社帳戶
執行編輯 / 王庭玫・謝汝萱
美術編輯 / 曾小芬

總經銷 / 時報文化出版企業股份有限公司
台北縣中和市連城路134巷16號
TEL：（02）2306-6842
南部區域代理 / 台南市西門路一段223巷10弄26號
TEL：（06）261-7268
FAX：（06）263-7698
製版印刷 / 欣佑彩色製版印刷股份有限公司
初　版 / 2010年4月
定　價 / 新臺幣480元

ISBN　978-986-6565-77-9（平裝）

法律顧問 / 蕭雄淋